KB078921

북유럽
공부법

북유럽 공부법

super student

올라프 슈에베 지음 | 신예용 옮김

전 세계 대학과 기업들이 주목하는 스칸디 인재의 힘

도그지어

한국어판 서문

이 책은 원래 노르웨이의 대학생들을 염두에 두고 집필되었습니다. 나는 대학 공부로 고전하는 노르웨이 학생들에게 실질적인 도움을 주고 싶었습니다. 노르웨이의 대학생들은 혼자 감당하기 어려울 정도로 많은 양의 논문과 참고문헌들을 읽고, 과제들과 씨름해야 합니다. 스스로 하루를 설계하고 알아서 학습 계획을 짜야 합니다. 좋은 점수를 얻으려면 어디에 초점을 맞춰 어떻게 공부해야 하는지에 대한 구체적인 조언도 없이 말이죠.

그런데 세계 여러 나라의 대학에서 교환학생으로 공부할 때, 핀란드나 노르웨이로 대표되는 북유럽의 교육에 대해 사람들이 일종의 환상을 가지고 있음을 알게 되었습니다. 변성기가 오기 전까지는 일체의 경쟁도 없고, 누가 시키지 않아도 스스로 공부하고, 가장 적은 수업 시간을 자랑하고, 자연에서 뛰어 놀며 사색한다는 등의 이상화된 생각 말입니다. 그러나 북유럽 학생들이 평생 이런 식으로 공부할 거라는 생각은 오해입니다. 북유럽 국가의 학생들 역시 대학 과정 이상부터는 세계적 수준의 인재들과 경쟁하며 엄청난 독서와 과제를 감당해야 합니다. 대신 이들은 겨울의 짧은 낮시간 만큼이나(오후 3시면 대부분 퇴근), 자신의 공부 시간을 효율적이고 집중력 있게 사용합니다. 『북유럽 공부법』은 이처럼 짧게 공부하고도 가장 효율적으로 배우는 스칸디나비아 인재들의 공부법을 소개합니다. 그러니까 이 책은 공부법에 대한 나의 개인적인 노하우에 더해, 세계 최고의 대학들에서 교환학생으로 지내며 만난 다른 북유럽 학생들과의 인터뷰, 그리고 공부법에 관련한 수많은 연구와 참고문헌을 바탕으로 쓰여진 '공부법 백과사전'쯤이 되겠습니다. 스스로 배우는 데 익숙한 노르웨이의 대학생뿐만 아니라 한국의 학생들에게도 이 책은 많은 도움이 될 것입니다. 이 책 『북유럽 공부법』의 지향점은 분명합니다. 학생들이 동기부여 된 상태에서 스스로 시간을 관리하고 효율적으로 공부해서 더 좋은 결과를 얻는 데 도움을 주는 것입니다.

하지만 책의 내용을 읽다 보면, 이 책에서 소개하는 내용이 단지 대학생들에게만 적용되는 것이 아님을 이내 알 수 있을 것입니다. 고등학교 학생 역시 이 책에서 많은 도움을 받았노라고 말했습니다. 놀랍게도 학생뿐 아니라 교사들도 이 책에 관심을 보였습니다. 교사들도 아이들을 가르치는 데 도움을 받거나, 수업 방식을 개선하기 위해 이 책을 참고했습니다. 승진이나 자격증 취득을 앞둔 직장인들에게도 이 책은 빠른 시간 내에 높은 점수를 얻도록 도움을 줄 수 있습니다. 최근에는 해외에서도 이 책에 대한 관심을 보이고 있으며, 한국을 비롯해서 이탈리아, 일본, 중국을 포함한 세계 여러 나라 언어로 번역되기도 했습니다.

이 글을 쓰고 있는 동안에도 나는 유학 시절에 참여했던 워크숍을 진행하기 위해 미국 버클리의 캘리포니아 대학에 와 있습니다. 노르웨이에서 온 내가 미국의 대학에서 한국 독자들을 위한 서문을 쓰는 일은 나에게 깊은 인상으로 다가왔습니다. 과연 어떻게 하면 이 책을 각기 다른 연령대의, 서로 다른 문화권에서 사는 학생들에게 효과적으로 적용할 수 있을까?

답은 간단했습니다. 우리에게는 저마다 자신의 고유한 개성이 있지만, 학습을 하는 데 있어 우리 두뇌가 작동하는 방식은 나라와 연령별로 달라지지 않습니다. 무언가를 암기하기 위해 우리가 사용하는 메커니즘은 프랑스 고등학교에서 지리학을 배울 때나, 브라질에서 대학 수준의 화학을 배울 때나 바뀌지 않는 것이죠. 교재 내용에 따라 차이가 있겠지만, 모든 나라의 대학 교육에서 학생들은 여전히 기본적으로 교실에 앉아 수업을 들으며, 책을 읽고, 필기하고, 교재를 암기하는 데 시간을 투자해야 합니다. 이 과정에서 때로는 시간의 압박에 맞서야 하고 시험도 봐야 합니다. 좋은 필기를 하는 데 필요한 원칙은 남아프리카에서 응용통계학을 배우는 학생이나, 한국에서 의학을 배우는 학생에게나 공통적으로 적용됩니다. 그렇기 때문에 이 책의 내용이 각기 다른 연령과 국적을 가진 모든 공부하는 사람들의 공통된 관심을 끈 것입니다.

이 책은 뛰어난 학생이 되기 위해 갖춰야 할 일반적인 능력과 전략을 가르쳐 줍니다. 이와 같은 전략은 주로 심리학에 기반한 것으로, 노르웨이와 독일, 미국에서 내가 고등학생 때부터 직접 배운 원칙들입니다. 차후에는 노르웨이와 미국, 영국의 대학생으로서 접한 원칙이기도 하죠.

이 책을 읽는 학생 중에 대학 입학 시험을 치르기 위해 많은 시간을 쏟아 붓고 있는 사람도 있을 것입니다. 대입 시험처럼 표준화된 시험 형식은 일반적으로 잘 알려져 있습니다. 대입 시험과 관련된 수많은 지식이 이미 검증되었기 때문에 이를 위해 공부하는 방식은 지극히 명확합니다.

하지만 대학에 들어와서는 최소한의 조언만 주고서는 학습과 관련된 수많은 영역이 추가됩니다. 사회 생활에 나가면 더 많은 자율성 때문에 오히려 더 막막한 상태에 빠지게 됩니다. 그렇다면 어떻게 하면 이런 다양한 환경에서 성공을 거둘 수 있을까요? 이 책을 계속 읽어가다 보면 그 답을 찾게 될 것입니다.

2016년 4월 29일

미국 캘리포니아 버클리에서

올라프 슈에베

차례

서문

1 옥스퍼드에서도 통한 북유럽 학습법

2

버클리에서도 써먹은 실력 발휘의 기술

3

초일류 인재들의 긍정적 사고의 기술

서문

슈퍼학생 프로젝트

나는 특별히 재능 있는 사람이 아닙니다. 아마 파티에서 세 사람을 소개받는다면 마지막 사람이 자신을 소개하기도 전에 첫 번째 사람의 이름을 잊어버릴 것입니다. 초등학교 때는 대부분의 시험 과제에서 평균 점수를 받았습니다. 중학교 1학년 때는 평균 C학점을 받았고요. 아마도 나는 활동을 통해서만 의욕을 느끼는 사람인 것 같습니다. 그것은 내가 직접 몸을 써서 움직일 때 가장 잘 배우는 사람이라는 뜻이죠. 나는 8년 동안 피아노를 배우면서 다른 사람들처럼 공책에 곡을 받아 적고 간단한 멜로디부터 익히려 한 적이 한 번도 없었습니다. 하지만 어떤 곡을 꾸준히 연습하면 이내 그 멜로디를 완전히 외울 수 있었습니다. 연습은 재미있었고 멜로디가 내 손가락에 착 달라붙는 것 같은 느낌이었습니다. 사실 이렇게 몸을 쓰며 무언가를 배우려는 성향은 교재를 통한 학습에는 그리 적합하지 않을 것입니다.

그런데 약 십여 년 전쯤에 제게 어떤 사건이 일어났습니다. 중학교 때 반이 바뀌어 갑자기 공부를 무척 잘하는 학생들의 반으로 내

팽개쳐지고 만 것이었죠. 동시에 나는 '공부법'이라는 것을 처음 접하게 되었습니다. 내가 이들과 같은 수준으로 올라갈 수 있을까? 이런 의문이 생기자, 신기하게도 갑자기 A~B학점의 우등생들과 경쟁하는 게 무척 재미있을 것 같다는 생각이 들었습니다. 그때부터 나는 '어떻게 하면 학점을 높일 수 있을까?'라는 뚜렷한 목적의식을 갖고 공부하기 시작했습니다. 그 이후로, 보다 효율적으로 공부하여 더 좋은 결과를 얻는 데에, 그러니까 순수한 공부법의 세계로 나는 점점 빠져들어 갔습니다.

그렇게 꾸준히 노력하여 중학교를 마칠 때쯤에는 평균 B학점을 받는 학생이 되었습니다. 고등학교에 들어와서는 다시 점수가 떨어졌습니다. 과목들이 좀 더 어려워지고 점수를 매기는 방식도 다소 달라졌기 때문이었습니다. 하지만 나는 노력을 거듭한 끝에 고등학교를 마칠 때는 전교 수석으로 졸업하게 되었습니다. 그 후, 베르겐의 노르웨이 경제경영대학에서 석사학위를 취득한 후에, 나는 스스로의 운을 시험해 보기 위해 세계 최고 대학에 지원해 보기로 결심했습니다. 그리고 곧바로 재무행정학 박사 학위 취득을 목표로 경영대학원 입학시험인 GMAT를 보았습니다. GMAT 시험을 보는 학생들은 지난 5년간 이 시험을 본 총 백만 명에 이르는 모든 학생들과 비교 대상이 됩니다. 나는 최고 6퍼센트 이내에 속하는 점수를 받았고, 최상의 대학인 영국 옥스퍼드 대학과 미국 아이비리그의 펜실베이니아 대학에서 합격 통지를 받았습니다. 풀브라이트 재단으로부터 총 5만 달러에 달하는 장학금을 제공하겠다고 제의와 함께요. 그때는 그야말로 날아갈 것만 같은 기분이었습니다.

다른 많은 사람들과 마찬가지로, 나 역시 나 자신의 경험을 통해, 공부를 더 잘하게 되는 좋은 방법이 있고 그 결과 더 좋은 성적을 얻는 것이 가능하다는 사실을 깨달았습니다. 핵심은 무작정 공부하는 게 아니라, 뛰어난 학습법을 접목하고 그에 걸맞게 노력하는 것입니다. 하지만 내가 이 사실을 깨닫기까지는 제법 오랜 시간이 걸렸습니다. 나는 그동안 공부해 온 모든 학교에서 유용한 공부법을 배우고 실천했습니다. 그것은 노르웨이와 미국, 독일에서 보낸 교환학생 시절을 거치면서, 그리고 옥스퍼드 대학, 노르웨이 경제경영대학, 미국 버클리에 있는 캘리포니아 대학을 거쳐 오면서 좀더 발전하고 다듬어진 것입니다. 하지만 이 모든 공부법들의 바탕에는 소위 북유럽적이라고 말할 만한 독특한 언어 환경이 자리잡고 있습니다. 노르웨이의 영어 실력은 세계 1위 수준으로 잘 알려져 있습니다. 북유럽의 다른 국가들(스웨덴, 핀란드, 덴마크)도 모두 뛰어난 영어 실력을 갖추고 있습니다. 이는 농업이 힘든 척박한 자연 환경과 적은 인구 수 때문에 다른 나라와의 교류 없이는 살아갈 수 없음을 이들이 잘 알고 있기 때문입니다. 북유럽 국가들의 공교육에서 영어 교육의 비중은 다른 나라들에 비해 월등히 높은 편이고, 결과적으로 북유럽인들 가운데는 모국어 외에도 영어를 기본으로 사용하는 이중언어(bilingual) 사용자들이 거의 대부분입니다. 이곳에서는 평범하게 살고자 하면 적어도 자국어와 영어, 인접 국가의 언어, 이렇게 3개 언어를 배워야 합니다.

교환학생 시절, 나는 어려서부터 이중언어(bilingual) 환경에 노출된 다양한 학생들을 많이 만나볼 수 있었습니다. 그리고 이들이 다시 후천적인 노력으로 이개국어를 넘어 다중언어(multilingual) 단계로 넘어가는 것을 목격했습니다. 그들은, 특히 나와 같은 북유럽 학생들이 많았습니다. 나는 그들의 우수한 학습능력에 흥미를 느껴서, 그들을 인터뷰하고 그들이 사용하는 공통된 학습법을 연구하는, 일명 '슈퍼학생(super student) 프로젝트'를 진행했습니다. 그리고 시간이 나는 대로, 학습법, 수행능력, 사고방식을 다룬 책들을 섭렵하며, 내가 노르웨이에서 사용했던 방식의 토대 위에 다시 새롭게 학습한 공부법들을 접목해서 정리해 나갔습니다. 『북유럽 공부법』은 내가 그 과정에서 깨달은 모든 공부법을 총망라하는, 읽기 쉽고 이해하기 쉬운 책입니다. 이 책을 쓰는 동안 나의 목표는 학생들이 더욱 효율적으로 학습하고 더 좋은 점수를 받을 수 있도록 돕는 것이었습니다. 이 책을 통해 독자들이 새로운 공부법을 익혀 즉시 실전에 응용할 수 있게 되기를 바랍니다. 특히, 어느 날 갑자기 자신보다 뛰어난 실력의 벅찬 상대들에 둘러싸이게 된 분들에게 도움을 주고 싶습니다. 그럼에도 여전히 이 책에서 소개한 기법들이 각자의 노력을 대신할 수는 없습니다. 그러나 공부에 투자하는 짧은 시간 안에서 최고의 효과를 이끌어낼 수 있게 하리라고 장담합니다. 자, 이제부터 우리의 목표는 더 효율적으로, 더 많이 배우고 더 좋은 결과를 거두는 것입니다. 모쪼록 즐거운 독서가 되기를 바랍니다!

2015년 6월, 싱가포르에서

올라프 슈에베

공부법이 우리를 구원할 수 있을까?

당신의 아이큐가 150이라면 축하한다! 하지만 나라면 당신에게 아이큐 중에 30은 그냥 팔아 버리라고 권하겠다. 그렇게까지 똑똑할 필요는 없다.

워런 버핏, 투자자이자 세상에서 세 번째로 부유한 사람

당신은 공부법이 공부에 있어 정말 중요한지 궁금할지도 모른다. 공부 잘하는 학생이 된다는 것은 대개 그 학생이 얼마나 똑똑한가에 달려 있지 않는가? 지능이 높은 사람들이 더 좋은 성적을 얻기 쉬운 것은 사실이다. 하지만 지능은 우리가 흔히 생각하는 것만큼 중요하지 않다. 심리학자인 산드라 스카는 학습 능력의 75퍼센트는 동기부여, 사전 지식, 학습 전략과 같은 지능 이외의 요인들로부터 비롯된다는 결론을 내렸다. 무려 75퍼센트다! 다른 많은 사람들의 연구도 같은 결론에 이르렀다. 이들 중 한 명으로 미국 UCLA 대학의 교육 · 학습 전문가 코우 무라야마 박사가 있다. 무라야마 박사는 수행 능력을 높이는 데는 '왜 배우고자 하는지', 즉 그 사람의 동기와 '어떻게 배우는지', 즉 공부법이 지능지수보다 훨씬 더 중요하다고 말한다. 지능검사를 연구한 사람들도 있었는데 연구 결과, 교육에서 성공적인 사람들과 그렇지 못한 사람들 간의 차이에 관해 지능검사가 설명할 수 있는 부분은 채 20퍼센트에 지나지 않았다.

이 사실을 알게 된 후, 나는 우리가 얼마나 잘 배울 수 있는지를 결정하는 요인이 대체 무엇인지를 밝히는 데 긴 시간을 투자했다. 그리고 마침내 나는 지능, 시간, 사전 지식, 정신력(mentality), 학습 방법, 그리고 실력을 발휘하는 기술이 결합하여 결과를 만들어 낸다는 결론에 이르게 되었다. 지금 언급한 요인들 중 어느 한 가지만으로는 교육을 통해 높은 성적을 내기 어렵다. 즉 높은 성과는 여러 가지 요인들 사이의 상호작용으로 나타나는 결과인 것이다. 이 상호작용은 다음과 같이 설명할 수 있다.

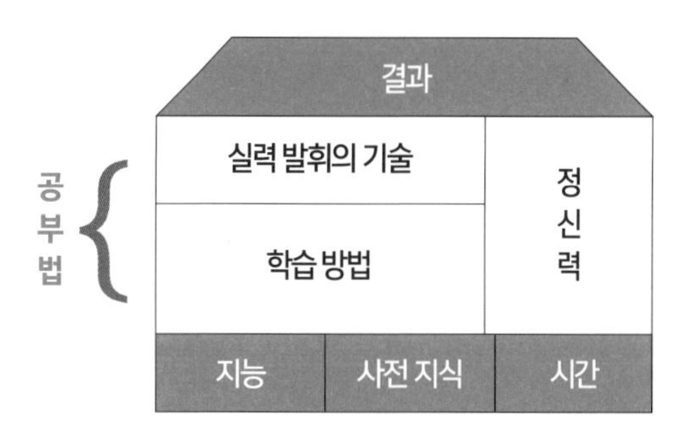

지능, 사전 지식을 통한 실력 쌓기가 기본적인 토대를 이룬다. 하지만 이 요인들만으로 우리가 원하는 결과를 이끌어 내기는 어렵다. 지능은 상당 부분 선천적이고, 사전 지식은 과거에 한정될 뿐이며, 우리가 공부에 쓰는 시간은 많은 경우 또 다른 의무와 욕구에 좌우된다. 그리고 하루는 절대 24시간을 넘을 수 없다. 하지만 좋은 소식도 있다. 지금까지 살펴본 요인들은 우리가 얼마나 잘 공부하며 실력 발휘할 수 있는가를 결정하는 요인 중 일부에 지나지 않는다는 점이다.

다른 요인들, 학습 방법(배우는 방법), 실력을 발휘하는 방법(시험과 검사에 임하는 방법), 그리고 정신력(우리 자신에게 동기를 부여하고 사고하는 방법)도 마찬가지로 중요하며 이 모든 방법은 얼마든지 향상시킬 수 있다. 앞으로 이 세 가지 방법을 총괄할 때는 '공부법'이라고 부르겠다.

그렇다면 공부법은 한 사람이 공부에서 성공을 거두는 데 핵심적인 비결이 될 수 있을까? 다시 말해 뛰어난 공부법을 능수능란하게 사용하는 학생이 가장 좋은 결과를 얻는 것일까? 미안하지만 나는 그렇다고 생각한다. 예를 들어 지능이 보통 수준인 한 그룹의 학생들이 뛰어난 암기법을 터득했다면, 이 학생들은 더 잘 기억할 수 있게 되어 암기법을 익히지 않은 총명한 아이들보다 시험에서 더 높은 점수를 받을 수 있다. 뿐만 아니라 더 많은 수의 총명한 학생들이 암기의 기술을 익힌다면 두 집단 모두 더 좋은 점수를 얻는 좋은 결과를 만들 수 있다. 400명 이상의 호주 학생들을 대상으로 일련의 인터뷰를 진행한 결과, 시험에서 고득점한 학생들은 그렇지 못한 학생들보다 뛰어난 공부법을 사용하는 데 더 능숙하다는 것이 밝혀졌다. 따라서 모든 학생은 지능이 얼마나 높은가와는 별개로 자신의 공부법을 개선하려고 노력해야 한다.

어쩌면 당신은 "지금까지의 주장이 전부 사실이라면 왜 공부법에 정통한 학생이 아닌, '반에서 가장 총명한 학생'이 일반적으로 가장 높은 점수를 받는 것인가?" 하고 의문을 제기할지도 모른다. 학습 방법 연구를 전문 분야로 삼고 있는 심리학자 케네스 L. 히비가 이 의문에 답해 줄 것이다. 히비는 총명한 학생들은 그러한 자질의 혜택으로 다른 학생들보다 뛰어난 기술을 찾아내고 사용하는 데 더 능숙할 가능성이 크다고 주장한다. 나 역시 많은 인터뷰에서 같은 느낌을 받았다. 더 똑똑한 학생들은 대체로(물론 언제나 그런 것은 아니다) 다른 학생들보다 훨씬 더 효율적인 공부법을 이미 가지고 있었다. 하지만 반가운 소식이 있다. 이제 우리도 성공적인 학생들이 어떤 공부법을 사용하는지 정확히 알게 될 거라는 점이다. 모두가 이 공부법을 사용할 수 있게 되어서 훨씬 더 잘 배우고, 더 좋은 점수를 받을 수 있게 되었다. 물론 당신도 예외는 아니다.

좋은 의도만으로는 충분하지 않다

지금까지 설명한 내용의 목적은 당신도 공부법을 발전시켜 점수를 높일 수 있다는 확신을 주는 것이었다. 그리고 지금부터는 왜 당신이 공부법을 발전시키고 점수를 높여야 하는지를 설명하고자 한다.

성적만으로 당신의 아이큐와 효율성, 학습 동기를 알 수는 없다. 그저 특정한 공부 활동(가령, TOEIC, TOEFL, GMAT 등)의 최종적인 결과만을 측정할 수 있을 뿐이다. 하지만 오늘날의 사회에서는 결과가 무엇보다 중요하다. 심지어 모든 것이 결과에 달려 있는 것처럼 보일 때도 있다. 결과를 중시하는 태도가 완전히 터무니없는 것만은 아닐 것이다. 좋은 의도만으로는 산을 움직이지 못하니 말이다. 당신이 좋은 의도를 좋은 결과로 연결시키는 방법을 얻고자 이 책을 집어 들었다면, 과정이 좋으면 모든 게 좋다는 고정관념(실은 실패의 결과를 기꺼이 지지 않으려는 흔한 구실)부터 버려야 한다. 어쨌든 좋은 점수를 받으면, 당신이 새로운 것을 익히고 사용하는 능력이 남들보다 더 뛰어나다는 점을 입증할 수 있다. 또한 이는 특정한 기준 하에 당신이 맡은 일을 더 잘해 낼 수 있다는 것을 알려 주는 지표이기도 하다. 그러므로 좋은 점수는 우리에게 더 많은 기회의 문을 열어 준다.

성적은 대학이 학생들에게 한정된 자리를 부여할 때도, 기업이 누구를 면접하고 채용할지를 결정할 때도 사용된다.

물론 좋은 성적만이 한 사람의 능력을 입증하는 유일한 수단은 아니다. 전 직장에서의 성과나 위치, 혹은 개인적인 프로젝트에서 어떤 실력을 발휘했는가 역시 개인의 능력을 입증하는 지표이다. 많은 직장과 새롭게 부상하는 전문 분야에서는 이런 측면 역시 성적만큼이나 중요하다. 스스로 행동하는 기업가들에게도 성적은 그리 큰 의미가 없다. 하지만 대부분의 사람들에게 성적은 큰 역할을 한다. 많은 사람들이 원하는 직장과 전문 분야일수록, 일자리 경쟁이 치열한 분야일수록 성적이 더 큰 비중을 차지할 수 있다.

무엇보다 좋은 성적은 우리에게 더 나은 기회 이상의 의미를 제공한다. 숙달된 능력과 뛰어난 실력을 발휘하는 힘은 우리에게 자신감을 키워 주고 만족감을 높여 준다는 점에서 심리적으로도 큰 도움이 된다. 그 결과 그 분야의 공부가 더 재미있어지고 동기부여도 더욱 잘 된다. 이것이 바로 좋은 성적이 빚어내는 선순환이다.

또한 우리가 좋은 성적을 얻기 위해 필요로 하는 많은 기술들은 삶의 다른 영역에서 사용할 수 있는 기술이기도 하다. 지식을 더 빨리 흡수하고, 우선순위를 적절히 설정하고, 스트레스를 효율적으로 다루며, 어디에서든 올바르게 사고하는 능력을 습득하면 직장과 가정에서 많은 혜택을 누릴 수 있다.

이 책을 어떻게 읽을 것인가

이 책은 3부로 구성되어 있다. 각각 효율적으로 학습하고, 최상의 실력을 발휘하며, 올바르게 사고하는 방법에 대한 것이다. 이 세 가지 영역의 상호작용으로 좋은 결과가 만들어진다. 각 부는 짧은 장으로 이루어지며, 부가 끝날 때마다 가장 중요한 조언을 요약 정리했다.

1부 옥스퍼드에서도 통한 북유럽 학습법

1부에서는 현명하게 학습하기 위해 사용하는 방법을 논의한다. 시간 관리, 독서법, 필기술, 기억술과 같은 주제들을 다룬다.

2부 버클리에서도 써먹은 실력 발휘의 기술

2부에서는 검사와 시험에서 최상의 실력을 발휘하는 방법에 대해 논의한다. 시험 준비, 과제 제출, 필기 및 구두 시험과 같은 주제를 다룬다.

3부 초일류 인재들의 긍정적 사고의 기술

3부에서는 동기, 목표, 정신력, 그리고 이 세 가지를 사용하여 더 잘 배우고 실력을 발휘하는 방법을 논한다. 특히, 3부에 실린 내용에 관심이 있는 사람이라면 3부를 가장 먼저 읽고 싶을 수도 있다.

그래도 좋다. 모든 것은 머릿속에서부터 출발하니까 말이다. 이는 다시 말해, 더 좋은 점수를 얻고자 노력하면 자연스럽게 더 능력을 개발하게 된다는 뜻이다. 그러므로 최후의 승리자는 성적표가 아니다. 바로 당신이다!

이 책을 가장 잘 활용하는 방법

이 책을 참고 자료로 삼아 자신이 가장 필요로 하는 부분만 골라 읽어도 상관없다. 하지만 나는 이 책의 모든 부분을 훑어보기를 권한다. 그러면 이 책의 전반적인 내용을 가장 잘 이해할 수 있기 때문이다. 그리고 전혀 뜻밖의 대목에서 가장 좋은 조언을 얻을 수도 있다. 전반적인 내용을 훑어본 다음 이 책에서 소개한 방법을 실천해 보기 바란다. 각 방법을 반복적으로 실천하면서 별개의 장을 살펴볼 수도 있을 것이다. 각 장과 부의 마지막에 실린 요약 부분 역시 유용할 것이다. 반드시 모든 내용을 전부 다 읽지 않아도 되기 때문이다.

1

옥스퍼드에서도 통한 북유럽 학습법

효율적인 학습에 대하여

토비욘 르 이작슨

Torbjørn Røe Isaksen
노르웨이 교육연구부 장관

Photo ⓒ 마르테 가르만 (Marte Garmann)

나는 항상 정치학에 빠져 깊이 집중하는 편이다. 그런데 몇 가지 정치학 과제를 공부하는 데는 시간이 상당히 오래 걸렸다. 그래서 나는 공부를 시작하기 전에 집중하는 데 방해가 되는 요소를 제거하는 일부터 시작했다. 주변이 조용한지 살피고 컴퓨터를 끄고 휴대전화 전원도 껐는지 확인한다. 그러고 나면 내가 하는 일에 전적으로 몰두할 수 있었다.

교과 과정이 방대한 경우에는 학습 내용을 체계적으로 정리하는 일이 중요하다. 그럴 때 나는 상당히 고전적인 방법을 사용한다. 먼저 교재를 전체적으로 훑어본 다음, 중요한 부분에 강조 표시를 한다. 그런 다음 중요한 항목을 파악하고 번호를 매긴다. 내 목표는 교과과정이 한눈에 들어오도록 종이 한 장에 다 정리하는 것이다. 이렇게 한 장에 모든 내용을 정리해 두면 전체적인 개요가 한눈에 들어와 오랫동안 기억할 수 있다.

토비욘은 노르웨이의 교육연구부 장관이자 보수당 국회의원이다. 과거에 포르스구룬 시의회 의원이었고 현재는 청년 보수당의 대표를 맡고 있다. 오슬로 대학에서 정치학 박사 학위를 취득했다.

시간 활용 전략

시간 관리

대부분의 학생들에게 시간은 가장 부족한 자원이다. 시간은 한정되어 있으므로 현명하게 사용하는 법을 익히는 것이 무척 중요하다. 적절한 기술과 전략을 활용하면 시간을 온전하게 활용할 수 있다.

당신의 일주일을 해부해 드립니다

옥스퍼드에서 두 번째 학기를 맞이했을 때, 나는 최선을 다해야겠다는 의욕이 넘쳐흘렀다. 그래서 책의 모든 장을 두 번씩 읽고 모든 내용을 기록, 정리해서 과제를 성실하게 마무리한 상태로 강의를 듣기로 결심했다. 다루는 주제에 관련된 내용도 미리 전부 다 읽어 만반의 준비로 임할 작정이었다. 하지만 한 달이 지나자 나는 모든 과목에서 뒤처지기 시작했다. 뒤처진 진도를 따라잡으려 노력하면 할수록 점점 더 수업에서 뒤떨어지기만 했다. 나는 좌절감에 사로잡혔고 의욕도 잃어버렸다. 도대체 무엇이 잘못되었단 말인가?

나는 다른 많은 학생들처럼 나에게 얼마나 시간이 있고 내가 하는 일들이 얼마의 시간을 요하는 일인지 현실적으로 전혀 파악하지 못하고 있었다. 예를 들어, 『거시경제학』이라는 책은 각 장을 읽는 데 거의 한 시간이 걸렸다. 이 책은 각 장의 분량이 약 30페이지 정도였다. 작은 글씨의 영어로 쓰인 데다 복잡한 이론으로 가득 차 있었다. 그래서 책 내용을 하나하나 자세히 읽으려면 한 시간이 훨씬 넘게 걸리곤 했다.

나는 내 문제를 분석하는 과정에서 한 가지 유용한 정보를 알게 되었는데, 보다 많은 사람들이 참고했으면 좋겠다는 생각이 들어 여기에 소개하려 한다. 우선 자리에 앉아 자신에게 얼마나 많은 시간이 필요하고 실제로 공부에 투자할 수 있는 시간이 얼마나 되는지 파악해 보라. 일주일에는 7×24, 다시 말해, 총 168 시간이 있다. 이를 출발점으로 삼아 수면, 식사, 여가 활동 등에 필요한 시간을 제한다. 밤마다 평균 여덟 시간을 잔다면, 이는 곧 7×8 시간, 총 56 시간을 제해야 한다는 뜻이다. 날마다 밥을 먹는 데 평균 두 시간이 걸린다면, 7×2 시간, 즉, 14 시간을 제하면 된다.

	시 간	활 동
	168	출발점(일주일을 환산한 시간)
—	56	수면
—	14	식사
—	10	아침에 준비하고 이동하는 시간
—	6	운동
—	6	학과 모임 활동
—	24	여가
—	16	수업
—	4	그룹 스터디
—	12	아르바이트
=	20	개별 과제 시간

이렇게 제하다 보니 개별 과제에 투자할 수 있는 시간은 20시간이 남았다. 주말마다 휴식을 취할 예정이라면 평일에는 하루 네 시간 동안 공부할 수 있다. 네 과목을 수강하는 경우에는 과목마다 다섯 시간을 투자할 수 있다. 시간이 그리 넉넉하지는 않은 셈이다. 그러므로 시간을 효율적으로 사용하는 것이 더할 나위 없이 중요하다. 지금 내가 권한 방법을 사용하면 자신이 하루 중 어느 때 시간을 확보할 수 있는지 확실하게 알 수 있다. 보통 아침에 외출 준비를 하면서 텔레비전을 시청하거나 페이스북을 들여다보는 일 등에 많은 시간을 흘려보내는 사람은 이런 시간을 줄이는 것만으로도 더 많은 학습 시간을 확보할 수 있다.

핵심 과목에 더 많은 시간을 할애하라

또 하나의 유용한 조언은 가장 중요한 공부를 하는 데 얼마나 많은 시간이 걸리는지 알아보라는 것이다. 해당 과목 교재를 네 쪽 읽은 다음 책을 읽는 데 걸린 시간을 4로 나눠 보아라. 한 쪽을 읽는 데 4분이 걸리는데, 주당 60쪽을 읽어야 한다고 해 보자. 그렇다면 교재를 읽는 데만 총 240분, 즉 네 시간이 걸린다. 메모를 남기거나 과제를 하는 데 얼마나 많은 시간이 걸리는지 계산해 볼 수도 있다. 메모하는 데 두 시간이 걸리고 한 주 과제를 하는 데 세 시간이 걸린다고 생각해 보자. 그리고 강의를 듣고 필기한 내용을 살펴보는 데 한 시간이 걸린다고 하자.

이 모든 활동을 하는 데 걸리는 시간을 합하면 모두 4+2+3+1 시간, 즉, 열 시간이라는 사실을 알 수 있다. 앞서 언급한 예 중 한 과목에 기계적으로 다섯 시간을 할당했다면 너무 비현실적인 계획을 세운 것이다. 반드시 우선순위에 따라 계획을 재조정 해야 한다.

자투리 시간 활용하기

우리 모두에게는 날마다 그 어떤 생산적인 일에도 쓰지 않는 빈 시간이 있다. 예를 들어, 버스를 기다리거나 전차에 앉아 있거나 학교에 걸어가거나 치과 대기실에서 앉아 기다리거나 잠시 휴식을 취하는 시간 등이 있다. 이런 시간은 시험 문제를 풀기에는 적당하지 않지만, 간단한 프린트물을 읽거나 전화를 걸거나 이메일에 답장하거나 팟캐스트를 듣거나 단어장을 공부하는 데 쓸 수 있다. 나는 고등학교에 다닐 때 날마다 20분 동안 학교버스를 타고 가면서 읽기 숙제를 했다. 내 친구는 같은 시간 동안 화장을 했다. 프라하에서 공부하던 한 친구는 매일 45분 동안 전차를 타고 대학에 가야 했다. 친구는 그 시간을 전날 필기했던 걸 읽는 데 썼다. 다른 학교에 다니던 여자 친구는 강의가 끝나고 집에 돌아가는 길에 부모님과 할아버지, 할머니께 전화를 드리곤 했다. 여기서 자투리 시간을 구체적으로 어떻게 활용하는지는 그리 중요하지 않다. 하지만 어떤 방식으로든 시간을 의식적으로 활용해야 한다는 점만큼은 분명하다.

하루 10분의 투자가 성패를 가른다

개인 생산성 분야의 전문가들은 매일 일과 시작 전 10분을 투자해 하루를 계획하라고 권한다. 오늘 하루의 목표는 무엇인가? 목표를 이루기 위해서 무엇을 해야 하는가? 우선순위를 정하라. 그렇게 하면 몰아서 처리할 수 있는 과제가 드러나고 하루를 더욱 효율적으로 구성할 수 있게 될 것이다. 그것이 바로 목록의 힘이다. 그런데 만약 계획을 세울 시간조차 없다면 어떻게 해야 할까? 솔직히 말하면 당신은 어떻게 해서든 계획을 세울 시간 10분을 마련할 수 있다.

공간 정리가 곧 시간 관리다

자리에 앉아 공부를 시작하려 할 때마다 펜이나 공책을 찾는 데 시간을 낭비하지 마라. 필요한 물건들을 잘 정리한 다음 항상 같은 자리에 보관하라. 이런저런 물건들을 찾는 데 걸리는 시간은 당시에는 얼마 되지 않는 것처럼 보일 수도 있지만, 모두 모이면 꽤 긴 시간이 된다. 또 공부에 필요한 물건을 챙기는 데 오래 걸리는 사람은 이 점을 핑계 삼아 아예 자리에 앉아 공부하지 않으려 할 수도 있다.

내가 아는 어떤 사람 역시 이 문제로 어려움을 겪었다. 그는 강의가 끝나고 집에 돌아오면 너무 지친 상태라 자신에게 필요한 물건들을 전부 찾아낼 힘도 없었다. 그래서 늘 대신 텔레비전을 켜곤 했다. 그러던 어느 날 그는 전혀 새로운 방법을 시도해 보기로 했다. 책상을 항상 같은 방식으로 정리하기로 결심한 것이다. 특히 교재는 항상 마지막에 공부를 마친 대목에서 그대로 펼쳐두었다. 공책과 연필, 형광펜도 항상 한쪽 옆에 나란히 놓았다. 정리정돈을 하면서 공부를 시작하는 데 방해가 되는 요소가 제거되자, 그는 더욱 효율적으로 공부할 수 있게 되었다.

아르바이트도 현명하게 선택하라

다른 많은 학생들과 마찬가지로 공부와 아르바이트를 병행해야 하는 경우에는 돈 이상의 가치를 얻을 수 있는 일자리를 선택하는 것이 바람직하다.

예를 들어 체육관 강사로 일하며 일과 운동을 병행하는 방법이 있다. 학교에서 조교로 일하며 다른 학생들의 공부나 교수들이 채점하는 걸 도와줄 수도 있다. 이런 일자리를 선택하면 관련 과목에서 실력을 쌓으면서 돈까지 벌 수 있다. 흥미를 느껴 장차 일하고 싶은 사업 분야에 미리 발을 들여놓는 방법도 있다. 그러면 자연스럽게 원하는 분야에 대한 경험을 쌓고 인맥을 구축할 수도 있다.

시간과 에너지를 아껴 주는 습관

아홉 살 때는 달력에 적어 놓지 않고도 미용실에 가는 일정을 기억할 수 있었다. 그때만 해도 미용실에는 보통 일주일에 한 번밖에 가지 않았다. 하지만 지금은 스마트폰이 있어야만 간신히 일정을 기억할 수 있다. 스마트폰은 내가 일부러 기억하지 않아도 되는 모든 것이 담긴 기억장치와도 같다. 덕분에 나는 교재 내용과 같이 정말로 중요한 것을 더 많이 기억할 수 있게 되었다. 개인 생산성 분야의 세계적 전문가인 데이비드 알렌은 기록을 하여 에너지를 절약하는 것이 가장 중요하다고 말한다. 알렌은 중요하지 않은 일들을 암기해야 하는 상황은 우리의 소중한 시간과 에너지를 빼앗아 간다고 강조한다. 따라서 그는 우리에게 1)스마트폰에 모든 약속을 입력하여 하루를 시작할 때마다 훑어보고 2)처리해야 할 모든 일은 목록화하라고 권한다.

또 다른 충고는 일상적으로 하는 일, 예를 들어 운동, 수면시간, 공부와 같은 활동에 몇 가지 규칙과 습관을 기르라는 것이다. 신체가 자동 조절 장치에 따라 움직이면 아침 식사를 먹을 시간을 정하는 일 같은 불필요한 선택에 따르는 에너지와 시간이 절약된다. 이렇게 습관에 따라 행동하면 정신적인 에너지를 절약해 나머지를 학습에 사용할 수 있다.

노력이나 정밀함이 필요한 활동을 할 때는 한 번에 한 가지 활동에만 집중해야 한다. 동시에 두 가지 활동을 하면서 둘 다 잘하고 있다고 생각하는 사람들은 그저 스스로를 속이고 있는 것일 뿐이다.

운전하면서 키스하는 사람은 두 가지 활동 중 어느 쪽에도 필요한 만큼 집중하지 못한다. 공부할 때는 오직 공부에 전적으로 몰입해야 한다.

최소한의 자유 시간을 확보하라

자유 시간은 중요하다. 장기적으로 볼 때, 공부 시간과 자유 시간 사이의 균형을 맞추지 않고서는 쉽게 탈진 상태에 빠져 제대로 역량을 발휘하기가 어렵다. 우리 모두에게는 자유 시간이 필요하다. 개중에는 다른 사람들보다 유독 더 많은 자유 시간이 필요한 사람도 있긴 하지만, 어쨌든 누구나 최소한의 자유 시간은 누려야 한다. 공부에 얼마나 많은 시간을 투자할 수 있는가는 공부하는 과목, 자기 자신, 그리고 공부를 하며 얻고자 하는 바에 달려 있다. 수석 졸업생이 되고 싶은 학생은 보통 학생들이 바라는 것보다 목표가 높으므로 좀 더 많은 자유 시간을 희생해야 한다.

학생들은 일반적으로 공부 시간과 자유 시간을 따로 구별하는 문제로 어려움을 겪는다. 자유 시간에는 공부에 대해 생각하며 자신들이 좀 더 노력하지 않았다는 사실에 양심의 가책을 느낀다. 하지만 정작 공부 시간에는 수시로 스마트폰을 꺼내 인터넷 서핑을 하거나 페이스북을 확인한다. 그러면서 결국 시간을 비효율적으로 보내고 만다. 이와 같은 악순환에서 벗어나려면 철저한 자기 훈련이 필요하다. 여기에 대해서는 이 책의 3부에서 더욱 상세히 다룰 것이다. 공부할 때는 오직 공부에 대해서만 생각하고, 쉴 때는 전혀 공부에 대해서 생각하지 않는 습관을 기르면 크게 효과를 볼 수 있다.

공부를 잘하고 싶다면 운동하라

> 나는 항상 육체적인 활동이 육체적인 건강을 지키는 데뿐만 아니라 마음의 평화를 유지하는 데도 핵심적인 역할을 한다고 생각해 왔다. 예전에 나는 분노와 좌절감을 해소하기 위해 친구나 경찰관에게 화풀이하는 대신, 자주 샌드백을 두드렸다. 운동을 하면 마음의 평화를 파괴하는 긴장감이 완화되는 효과가 있다. 나는 육체적으로 건강한 상태일 때 일도 더욱 잘 되고, 더욱 명쾌하게 생각할 수 있다는 사실을 깨달았다. 그래서 운동은 내 인생에서 절대 포기하지 말아야 할 몇 가지 가운데 하나가 되었다.
>
> —넬슨 만델라

육체적인 활동은 시간이 지날수록 훌륭한 성과를 거두는 데 더욱 중요한 요소가 된다. 운동이야말로 우리에게 생기와 에너지를 제공한다. 운동과 학습의 관계에 대한 최초의 연구에서도 육체적 활동이 우리가 배우고 성과를 거두는 데 필요한 능력을 향상시킨다는 결론이 도출되었다. 얼마 전 〈가디언〉지에 '달리기를 시작하여 두뇌가 발전하는 모습을 지켜보라'는 기사가 실렸다. 달리기와 에어로빅 훈련이 기억력을 증진시키는 새로운 두뇌 세포를 생성한다는 연구 결과를 바탕으로 한 기사였다. 미국과 영국의 신경학자 집단은 "우리도 육체적인 활동이 어떻게 학습 효과를 증진시키는지는 정확히 알지 못한다. 하지만 운동이 학습 효과를 높인다는 점만큼은 확실하다."고 밝혔다. 운동은 단지 건강에만 효과적인 것이 아니다. 더 좋은 점수를 얻는 데도 효과가 있다. 그러므로 반드시 매주 운동할 시간을 따로 마련해야 한다. 몸이 건강하면 공부하는 시간을 더욱 효율적으로 활용할 수 있다.

혹시 당신도 운동하겠다는 계획만 세워 두고 실제로는 좀처럼 운동하지 않는 사람들 중 한 명인가? 만약 그렇다면 '월요일 언젠가' 운동하겠다는 두루뭉술한 계획을 세우는 대신 당신 자신 혹은 친구와 함께 구체적인 약속을 정하기 바란다. 단체 운동 수업에 등록하는 방법도 좋다. 달력에 운동하겠다는 약속을 기록하여 당신이 정한 다른 약속처럼 반드시 지키도록 하라.

숙면 습관 들이기

잠이 부족하면 단순히 기분이 나빠지는 데서 그치지 않고 안 좋은 영향을 받게 된다. 실제로 수면 부족은 면역 체계와 집중 능력에도 영향을 준다는 견해가 있다. 그런데 잘못된 수면 습관은 많은 학생들이 반복적으로 겪는 문제다. 그런 학생들은 대개 밤 늦게 잠이 들어 다음날 강의를 듣거나 공부할 때 제대로 집중하지 못한다. 그러다 밤이 되면 낮에 낭비한 모든 시간을 만회하려 전력투구한다. 그래서 결국 또다시 밤 늦게 잠자리에 들게 되는, 매우 비생산적인 악순환에 빠져들고 만다. 나 역시 고등학교 때 한동안 이 문제로 고생

한 적이 있다. 한번은 실제로 학교 감독관이 추천한 의사를 만나러 간 적도 있다. 여러 선생님들이 내가 무척 아프다고 생각했기 때문이었다. 하지만 당시 나의 문제는 딱 한 가지, 숙면을 취하지 못한다는 것뿐이었다. 나의 경우는 바람직한 숙면 습관을 들이는 것으로 문제의 상당 부분을 해결할 수 있었다.

"나는 B유형의 성격(미국 심장 전문의인 프리드먼과 로젠만은 심장 질환에 걸릴 확률을 바탕으로 A유형과 B유형의 사람을 구분했다. B유형의 사람들은 A유형의 사람들보다 심장 질환에 걸릴 확률이 낮은 사람들로 A유형의 사람들에 비해 비교적 느긋하고 덜 공격적이다)을 타고난 사람이야."라고 말하는 사람도 있을 것이다. 안타깝지만 이런 유형의 사람들은 좋은 수면 습관을 형성하기 더욱 어려울 것이다. 하지만 이런 점이 핑계가 될 수는 없다. 모든 사람은 자신의 수면 습관을 바꿀 수 있다. 그리고 정말로 간절히 원한다면 어떤 상황에서도 잘못된 습관을 바로잡을 수 있다.

시간 관리 – 간단 요약

> 자신이 어떻게 시간을 쓰는지 간단히 기록하라. 일주일 총 168시간을 어떻게 활용하는지 한눈에 볼 수 있게 일과를 정리한 다음, 개선할 여지가 있는 부분과 공부하는 데 쓸 수 있는 시간을 낱낱이 파악하라.

> 간단한 용무는 자투리 시간을 활용하여 몰아서 해결하라.

> 모든 약속과 마감일을 기록하고 규칙적인 패턴을 도입하라. 시간을 절약하는 동시에 생각의 용량을 늘릴 수 있다.

> 하루의 목표를 설정하고 하루 일과를 계획하라.

> 자유 시간, 운동, 수면은 생산성의 핵심 요소다. 특히 장기적으로 볼 때 더욱 그렇다. 반드시 세 가지 요소를 충분히 누릴 수 있도록 하라.

게임의 원리를 파악하기

실천 계획이 없는 목표는 한낱 망상에 지나지 않다

— 나다니엘 브랜든

공부를 위해 따로 마련한 시간을 가장 효율적으로 활용하려면 올바르고 중요한 일을 하는 데 초점을 맞춰야 한다. 당신도 시험에서 좋은 점수를 받으려 애쓰는 동안 "우선순위를 다르게 정하고, 시험 문제 형태를 더 잘 알았다면 모든 게 훨씬 더 좋았을 텐데" 라고 후회해 본 적이 있을 것이다. 그런데 이런 상황은 얼마든지 예방할 수 있다. 더욱이 따로 시간이나 돈이 들지도 않는다. 그저 몇 가지 간단한 조치가 필요할 뿐이다.

1. 암호를 해독하라

대부분의 학생들은 좋은 점수를 받겠다는 일념으로 각 과목을 공략한다. 하지만 어떻게 해야 이 목표를 성취할 수 있고, 어디에 초점을 맞추어야 하는가와 같은 중요한 질문은 하지 않는다. 그저 상황이 어떻게 흘러가는지 멍하니 지켜보기만 할 뿐이다. 이는 어리석은 짓으로 게임을 시작하기 전에 '게임의 원리를 이해'하면 훨씬 유리한 고지에서 시작할 수 있다.

모든 과목에는 각기 고유한 특성이 있다. 어떤 과목에서는 교재가 실질적인 핵심 사항이고, 강의는 보충하는 역할만 한다. 또 어떤 과목은 교재를 참고용으로만 사용하거나, 심지어 아예 사용하지 않는 경우도 있다. 이런 과목에서는 강의 내용이 가장 중요하다. 모든 이론이 동일한 수준으로 중요한 과목도 있지만, 중심이 되는 일부 이론만이 중요한 과목도 있다. 세부적인 사항이 핵심적인 역할을 하는 과목이 있는가 하면, 커다란 아이디어만을 중요하게 다루는 과목도 있다. 어떤 과목은 이해하기 쉬우며 그리 많은 노력을 필요로 하지 않는다. 반대로 상당히 부담이 되는 과목도 있다. 내 말이 무슨 뜻인지 알겠는가? 그러니까 더 빨리 '암호'를 파악할수록, 다시 말해, 성공을 거둘 가장 효율적인 전략을 찾아낼수록, 시간을 더욱 잘 활용할 수 있다는 것이다.

암호를 해독하는 데 가장 중요한 것은 그 과목의 전체적인 윤곽을 파악하는 것이다. 수업에서 나눠 준 자료를 주의 깊게 읽고, 과목에 어떤 내용이 포함되고 평가는 어떻게 이루어지는지 이해하도록 하라. 강사와 대화를 나누며 그 과목을 어떻게 공부해야 하고 시험은 어떻게 준비해야 하는지 물어보아라. 기존의 시험 문제가 어떻게 출제되었는지도 살펴봐야 한다. 평가를 잘 받으려면 어떤 준비를 해야 하는지에 대해서도 질문하라. 가능하다면 예전에 같은 과목을 수강한 학생들과 이야기를 나눠 보는 것도 좋다. 이런 학생들은 대개 당신에게 유용한 정보를 제공한다.

나는 보통 각 과목의 암호를 신속하게 파악하는 편이지만, 옥스퍼드에 다닐 때는 한번 실수를 저지른 적이 있다. 당시 내가 듣던 전략 강의 중 한 과목의 개요는 전략 사례와 정규 교재에 실린 이론 중심으로 구성되어 있었다. 전략 사례에는 회사 전략과 관련된 정보 및 과제, 예를 들어 이케아의 미국 진출 전략 혹은 라이언에어의 저가 정책이 포함되어 있었다. 이론 자체는 간단했지만 사례는 무척 길고 복잡했다. 나는 현명하게 우선순위를 정했다는 판단 하에 거의 전적으로 이론에만 초점을 맞추고, 사례 연구에는 최소한의 시간만을 할당했다. 매우 짧고 급박한 시험 주간이 되어서야 나는 시험 내용이 우리가 공부한 여덟 가지 사례 중 여섯 가지에 대한 것임을 알게 되었다. 다시 말해 실제로 그 과목과 시험의 결정적인 열쇠는 사례 연구에 있었다는 뜻이다. 결국 나는 주어진 짧은 준비 기간 동안 간신히 짬을 내어 사례들을 훑어봐야 했고 시험 점수는 해당 학기 평균을 훨씬 밑돌았다. 물론 가장 고통스러웠던 점은 이 모든 일이 내가 강사에게 미리 질문을 하기만 했어도 피해갈 수 있는, 전적으로 불필요한 상황이었다는 것이다.

2. 계획을 세워라

좋은 점수를 얻는 데 결정적인 요소를 파악한 후에는 간단한 계획을 세워야 한다. 어떻게 이 과목을 공략할 것인가? 핵심 활동과 보충 활동(질의응답 시간, 그룹 과제 등)은 무엇인가? 다양한 과제를 얼마나 주의 깊게 살펴보아야 하는가? (대충 훑어봐도 되는가? 아니면 내용을 전부 읽고 꼼꼼히 정리해야 하는가?) 시간이 부족하기 때문에 보통 자신이 세운 계획을 모두 실천하기는 어렵다. 그러므로 적극적으로 우선순위를 정해야 한다. 우선 가장 중요한 일('반드시 해야 하는 일')을 하라. 그런 다음 나머지 일(하면 좋은 일)을 하라.

> 나의 계획

나는 원래 모든 계획에 각 과목 고유의 '암호'를 적용했는데 몇 학기가 지나고 나자 그동안 뛰어난 성과를 거둔 과목들에서 다음과 같은 독립적인 요소들이 반복된다는 사실을 발견했다.

1) 학기 내내 전반적인 흐름을 이해하는 데 초점을 맞춘다. 강의를 꼭 알아야 하는 내용의 기초 자료로 삼고 선택적으로 판단했으며 교재를 보충 자료로 활용했다. 더욱 깊이 있는 수준의 이해가 필요할 때는 권장 문제 세트를 동원했다. 잘 이해할 수 없는 내용이 있을 때는 따로 적어 놓은 다음 쉬는 시간에 강사에게 질문했다. 책에 나오는 내용을 따로 적어 두지는 않았다. 대개는 너무 복잡해지기 때문이었다.
2) 자발적으로 하는 필기 과제와 주별 권장 과제에 우선순위를 두었다. 강의와 필기 과제에 중점을 둔 이유는 강사들이 강의 시간에 이야기하지 않았거나 필기 과제로 제시하지 않은 내용은 절대로 시험에 출제하기 않기 때문이었다.
3) 시험 기간 동안에는 기존 시험 문제를 암기하거나 공부하는 데 초점을 맞추었다. 시간이 부족했기 때문에 교재를 처음부터 끝까지 읽지는 않았다.

대부분의 경우 서로 다른 과목 사이들 사이에서 우선순위를 정하는 것이 현명하다. 사람에 따라 더 쉽고 어려운 과목이 다르고, 어떤 과목이 다른 과목보다 더욱 중요한 경우도 있기 때문이다.

3. 수시로 점검하라

공부를 하다 보면 미리 정한 진도에서 벗어나거나, 뒤처지기 십상이다. 그러므로 정기적으로 자기 자신에게 질문하는 것이 중요하다. 정말로 암호를 해독했는가? 올바른 일에 초점을 맞추었는가? 유용한 조언을 받아들였는가? 우선순위를 올바르게 정했는가? 한 가지 예를 들어보도록 하자. 지금 주어진 시간의 딱 절반만 쓸 수 있다고 해도 지금과 같은 일을, 같은 순서로 하겠는가? 가장 좋은 계획은 새로운 정보와 환경에 맞추어 수정할 수 있는 유연한 계획이다.

게임의 원리를 파악하기 – 간단 요약

> 할당된 자료와 활용할 수 있는 정보를 충분히 읽은 다음 강사에게 시험과 필기 과제, 과목에서 좋은 점수를 얻기 위해 필요한 사항에 대해 질문하라. 이 정보와 활용 가능한 자료를 바탕으로 계획을 세워라.

> 효율적이고 적절한 방법으로 학습하고 있는지 자기 자신에게 규칙적으로 물어보라. 필요한 경우에는 계획을 수정하라.

학습과 이해의 메커니즘

두뇌라는 거대한 숲

학습이란 새로운 지식을 습득하는 것이다. 이를 가장 잘 성취하려면 먼저 학습에 대한 몇 가지 근본적인 오해와 진실을 알아둘 필요가 있다.

인간의 뇌에는 학습을 위한 엄청난 공간이 있으며, 특히 기억 용량은 거의 무제한적이다. 평균적인 인간은 살아가는 동안 뇌 속에 있는 저장 용량의 1퍼센트만 채운다고 추정된다. 그러니 새로운 지식을 습득하면 오래된 지식이 사라지지 않을까 걱정하는 사람은 이제 안심해도 좋다. 새로운 지식을 익힌다고 해서 저장 공간을 늘리기 위해 오래된 지식을 지워 버릴 필요는 없다는 말이다.

우리가 오랜 세월에 걸쳐 학습한 모든 것을 기억하지 못하는 핵심적인 이유는 우리가 배웠다고 생각하는 내용을 충분히 제대로 학습하지 못했기 때문이다. 제대로 학습하지 못해서 잊어버리는 것이다. 하지만 잊어버린 지식은 잃어버린 지식과는 다르다. 잊어버린 지식은 여전히 두뇌 안에 저장되어 있다. 다만 우리가 '어디에 저장되어 있는지 찾지 못할 뿐'이다. 그렇기 때문에 쉽게 복구할 수가 없다.

이 주장에 대한 가장 좋은 증거로 전혀 새로운 것을 학습할 때보다 이전에 접했던 것을 다시 학습하기가 대체로 더 쉽다는 점을 들 수 있다. 예를 들어, 어렸을 때 외국어를 배웠는데 한동안 사용하지 않았다면 수많은 단어를 잊어버리게 되었을 것이다. 하지만 다시 그 외국어를 접하게 되면 아예 처음 시작할 때보다 훨씬 더 빨리 배워 말하게 된다. 혹은 당신이 이름을 잊어버린 사람을 떠올려 보라. 잊

'행동으로써 가르치는 것'을 신봉하는 물리학 교수

어버린 사람의 이름이 적혀 있는 걸 보게 되는 순간, 다시 그 이름을 알아볼 수 있을 것이다. 그러므로 한번 익힌 지식은 결코 완전히 잊히지 않는다. 두뇌는 거대한 숲에 비유할 수 있다. 새로운 지식은 두뇌의 숲에 있는 나무로 생각할 수 있다. 우리의 과제는 이 나무들이 어디에 있는지 확인하여 나무들을 향한, 혹은 그 사이의 길을 내 나무들을 서로 연결 짓는 일이다. 이 연결이 가능하다면 필요할 때 다시 되돌아가기도 한결 쉬워진다. 길을 아주 조금 닦아놓았다면 우리가 찾으려는 지식을 향해 되돌아가기가 무척 힘들 것이다. 좀처럼 이 길을 사용하여 지식을 회복한 적이 없다면 길 사이의 수풀이 웃자라 일시적으로 지식을 사용하지 못하게 될 가능성이 높다. 쉽게 웃자라지 않는 좋은 길을 내는 데는, 다시 말해 무엇인가를 잘 배우는 데는 많은 노력과 시간이 필요하다. 하지만 다행히도 우리는 뛰어난 기술의 도움을 받아 이 좋은 길을 훨씬 더 편하고 효과적인 방식으로 만들어 낼 수 있다. 사실 이 책의 제 1부에서 가장 중요한 내용은 모두 이 방법, 즉, 더 잘 학습하고 더 오래 기억하는 공부 방법을 터득하는 것이 전부라고 해도 과언이 아니다.

교재를 읽는 것, 필기하거나 보는 것, 강의를 듣거나 집단 토론에 참여하는 것은 모두 학습 능력을 높여 기억 속의 오래된 수풀을 '제거하고' 새로운 길을 만들어 내는 활동이다. 이와 같은 활동에 능숙해진다면 더 빨리 학습하고 더 오랫동안 지식을 간직하게 될 것이다. 그래서 이번 장에서는 우리가 지식을 가장 잘 활용할 수 있는 여러 가지 학습 형태를 설명하고자 한다.

단순한 학습 모델

아래 소개하는 모델은 학교에서의 학습을 설명하는 데 유용하다.

학습이란 곧 강의와 책에서 배운 새로운 지식을 우리의 기억으로 흡수하는 과정이다. 그리고 반복은 우리가 잊어버린 지식을 다시 사용할 수 있게 만드는 과정이다. 물론 학습한 지식을 복원하는 과정 역시 중요하지만, 이번 장에서는 기억을 되살리는 문제에 대해서는 따로 설명하지 않기로 한다. 어차피 기억을 되살리는 작업인 복원은 주로 우리가 애초에 어떤 것을 얼마나 잘 학습했는가에 달려 있다.

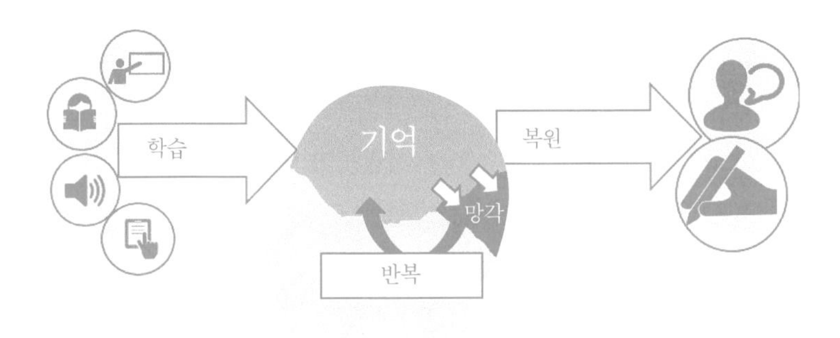

다양한 학습의 형태

다양한 학습 형태를 활용하여 얼마나 큰 혜택을 얻을 수 있는가, 즉, 얼마나 더 잘 기억할 수 있는가에 대한 연구는 이미 상당히 진척되었다. 메인 주의 국립훈련연구소는 연구 결과를 다음과 같은 피라미드 형상에 압축해서 나타냈다.

평균적인 기억력

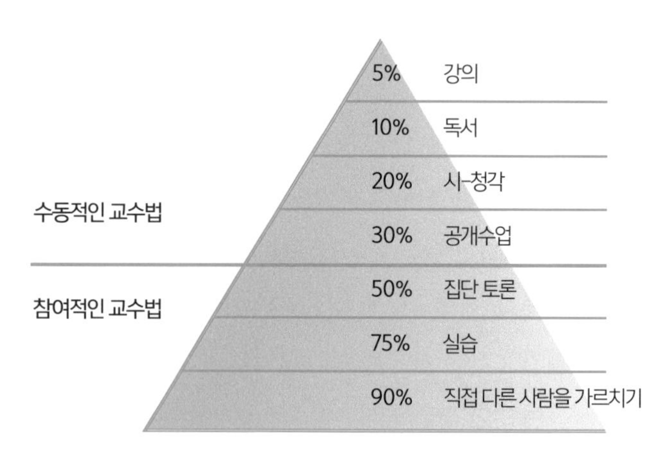

* 메인, 베델 국립훈련연구소에서 차용

그림에서도 볼 수 있듯이, 우리는 강의를 들었을 때 가장 조금 기억하고, 무언가를 가르치거나 다른 사람들과 토론했을 때 가장 많이 기억한다. 구체적인 수치에는 약간의 차이가 있을 수 있지만, 위의 그림은 우리에게 매우 중요한 사실을 알려준다. 바로 학습 과정에 스스로 더욱 적극적으로 참여할수록 더 잘 기억하게 된다는 점이다.

북유럽에서는 고학년 학생이 저학년 후배를 가르치거나 학습 내용을 분담하여 서로가 서로를 가르치는 방식을 통해 더 잘 배우게끔 유도한다. 누군가에게 알려 주기 위해 배우는 이들은 누가 시키지 않아도 더 열심히 수업에 참여한다. 이처럼 다른 이를 가르치기 위해 배운다는 개념을 도입하면 더 빠르게 이해하고 더 오래 기억할 수 있다.

망각에 대하여

앞서의 언급처럼 우리가 얼마나 많이 잊어버리는가는 주로 애초에 얼마나 잘 학습했는가에 달려 있다. 이밖에 우리가 왜 잊어버리는가를 설명하는 부차적인 원인으로 쇠퇴, 억압, 왜곡, 관여 그리고 단서 의존성을 들 수 있다.

쇠퇴 | 우리가 배운 것을 반복하거나 사용하지 않으면 지식이 보관된 장소로 향하는 연결 지점이 약해진다. 아무도 다니지 않아 수풀이 웃자란 길을 떠올려 보라. 이는 우리가 무엇을 잊어버리는가를 설명하는 이유로 가장 많이 사용되는 비유이기도 하다.

억압 | 우리가 좋아하지 않거나 트라우마로 인식하는 대상은 억압되는 경향이 있다. 이런 대상들은 대개 우리의 무의식으로 이동한다.

왜곡 | 우리의 가치와 이해관계가 기억에 영향을 미치기 때문에 우리는 일어났으면 하고 바라는 대로 상황을 기억하기도 한다.

간섭 | 새로운 지식이 우리가 이미 알고 있는 지식과 혼란을 일으키기도 한다. 예를 들어 한 시간 동안 불어를 공부한 다음 한 시간 스페인어를 공부하면 불어와 스페인어에서 공부한 내용이 헷갈릴 수도 있다. 두 언어가 비교적 유사하기 때문이다. 어떤 것을 잘 알수록, 새로운 지식과 오래된 지식이 헷갈릴 가능성이 줄어든다.

단서 의존성 | 당신도 분명 '혀끝에 단어가 맴돌 뿐 나오지 않는 느낌'을 겪어 본 적이 있을 것이다. 정확한 이름을 잊어버려 혀끝에 감돌 때 그 이름을 기억해 내려면 그 이름의 첫 글자가 필요하다. 이처럼

어떤 대상을 처음 접할 때도 그 대상을 잘 잊어버리지 않게 하는 단서(연상 작용)를 만들 수 있다. 이런 단서가 부족하면 우리가 배운 지식을 복구하기가 어려워진다. 앞으로 이 단서 의존성을 적극적으로 활용하여 중요한 지식을 더 잘 기억할 수 있게 하는 방법을 살펴볼 것이다.

두뇌라는 거대한 숲 – 간단 요약

> 인간의 두뇌에는 거의 무제한적인 저장 공간이 있다. 하지만 저장된 지식을 필요할 때마다 꺼내 쓰려면 뛰어난 학습 방법을 사용해야 하며, 반복 역시 중요하다.

> 우리는 책을 읽는 것처럼 수동적인 활동에 임할 때보다 집단 토론에 참여할 때와 같이 적극적인 활동을 할 때 더욱 잘 기억한다.

학습의 8가지 근본 원리

효율적인 학습과 암기는 몇 가지 근본 원리를 바탕으로 한다. 똑똑하게 배우기 위해서는 학습의 근본 원리에 익숙해지고 이를 올바르게 활용하는 것이 중요하다. 바로 집중, 의미와 이해, 관심사, 연상 작용, 시각화, 개요와 논리, 암송, 반복이 그것이다.

1. 집중

만원권 지폐에 그려져 있는 사람은 누구인가? 신호등의 가장 위쪽은 무슨 색깔인가? 당신의 자동차 번호판에는 무엇이 있는가? 이 중 한 가지 혹은 그 이상의 질문에 대답하기 어렵다는 생각이 들었는가? 아마 질문에서 언급한 대상을 수천 번 넘게 보았을 것이다. 이런 대상을 볼 때마다 기억하려 애쓰는 편인가?

또 다른 예를 들어 보기로 하자. 신문에서 어떤 항목이나 페이지를 읽은 다음 방금 읽은 내용 중 단 한 가지도 기억하지 못하겠다는 생각이 든 적이 있는가? 이처럼 생각이 자유롭게 흘러가게 내버려 둔 채, 배워야 할 내용에 집중하지 않는다면 우리는 아무것도 배우지 못한다. 눈동자가 교재 위를 훑게 하고, 귀가 강의를 듣게 한다고 반드시 무언가를 배우게 되는 것은 아니다. 집중을 설명하는 다른 말로 '주의', '초점' 혹은 '적극적인 학습'('소극적인 학습'에 반대되는 표현)을 들 수 있다. 집중은 학습의 가장 근본이 되는 원리다. 집중하지 않으면 학습은 이루어지지 않는다. 그리고 어떤 대상에 더 많이 집중할수록 더 쉽게 학습할 수 있다.

안타깝게도 인간은 멀티 작업에 취약하다. 동시에 여러 가지에 집중하기는 불가능하다. 물론 몇 가지 다른 일에 집중할 수 있는 경우도 있다. 누군가와 대화를 나누면서도, 다른 사람들이 나누는 대화에 귀 기울이려 애쓸 때처럼 말이다. 하지만 애석하게도 책을 읽으면서 휴대전화로 통화할 수는 없다. 그렇게 한다고 주장해도 실제로는 조금 읽다가 조금 말하고, 또 조금 읽다가 조금 말하는 식으로 한다.

이와 같이 끊임없이 초점을 바꾸는 일이야말로 비효율적이다. 그래서 한꺼번에 여러 가지 일을 한다는 발상이 비난을 받는 것이다. 우리는 반드시 한 번에 한 가지에만 집중해야 한다. 흔히 공부하는 동안 텔레비전의 볼륨을 줄이라고 말하는 것도 전적으로 틀린 말은 아니다. 한 번에 한 가지씩 초점을 맞춰라!

2. 의미와 이해

기억 연구 분야의 개척자 중 한 사람인 독일의 심리학자 헤르만 에빙하우스는 우리가 이해하지 못하는 것을 배우는 데는 우리가 이해하는 것을 배우는 데 쓰는 에너지보다 10배의 에너지가 더 필요하다고 말했다. 현대의 연구자들도 같은 입장이다. 자신에게 아무런 의미가 없는 것을 배우는 일이 훨씬 더 어렵다는 것이다. 07041776이라는 숫자를 배우는 데는 1776년 7월 4일이라는 숫자를 익히는 것보다 더 오랜 시간이 필요하다. '공부 방법'이라는, 특정한 의미가 있는 단어는 아무 의미없이 뒤섞여 있는 단어보다 더 배우기 쉽다. 비행기의 경사면을 나타내는 공식인 [(Y2 - Y1) / (X2 - X1)]은 그 공식이 무슨 의미인지 이해할 수 있을 때 더욱 암기하기가 쉬울 것이다.

3. 관심사

학교 공부를 잘하지는 않지만 축구나 자동차, 혹은 영화에 관해서라면 '무엇이든지' 다 꿰뚫고 있는 사람을 한 명쯤 알고 있는가? 관심이 있는 대상을 배울 때 우리에겐 훨씬 더 큰 동기가 생긴다. 그 대상에 훨씬 더 큰 주의(집중)를 쏟으며 그것에 관해 생각하는 데 훨씬 더 많은 시간을 투자한다. 관심사가 학습 효과를 높이는 또 다른 이유는 우리가 대체로 관심 있는 분야와 관련된 주제 및 배경 지식을 훨씬 더 많이 알고 있기 때문이다. 그래서 그 토대 위에 더욱 쉽게 더 많은 것을 배울 수 있다. 따라서 어떤 대상에 관심을 갖는 한 가지 방법은 그 대상이 자신이 평소에 관심 갖던 다른 대상과 어떤 관련이 있는지 살펴보는 것이다. 예를 들어 자동차 마니아가 독일어를 배우는 데 어려움을 겪고 있다면, 독일어를 배우면 앞으로 독일 자동차 메이커들이 만든 차나 차 부품을 구입할 때 얼마나 도움이 될지 생각해 보는 것으로 동기를 불러일으킬 수 있다. 의사가 되고 싶은 사람은 생물학과 화학을 핵심 분야로 삼으면 될 것이다.

4. 연상 작용

우리가 반드시 배워야 할 대상에 대해 이미 알고 있거나, '고정할 수 있는 연결고리'가 될 만한 무언가에 연결한다면 훨씬 기억하기 쉬울 것이다. 갈릴레오 갈릴레이가 이탈리아의 저명한 천문학자라는 걸 이미 알고 있는 사람은 갈릴레오가 유럽의 새로운 위성 항행 시스템이라는 사실을 기억하기 더 쉽다. 위성 항행 시스템이 무엇인지 잘 이해가 되지 않는 사람은 GPS를 생각하면 된다. GPS는 전 세계 곳곳의 사람들이 사용하는 미국식 위성 위치 확인 시스템이고, 갈릴레오는 유럽식 위성 항행 시스템의 이름이다.

이렇듯 새로운 지식이 우리가 이미 알고 있는 지식과 관련되어 있으면, 이 지식으로 향하는 '더 많은 통로'가 형성된다. 그렇게 되면 추후에도 길을 찾아 되돌아가기가 한결 쉬워진다. 시험을 보기 위한 지식의 경우에는 우리가 따라갈 만한 더 많은 이정표가 필요하다. 당신이 스페인어를 공부하는 중인데 여권과 사전을 뜻하는 스페인어인 '파사포르테(pasaporte)' 와 '디씨오나리오(diccionario)'를 배워야 한다고 생각해 보자. 그렇다면 당신은 이 두 단어가 영어에서 같은 의미를 뜻하는 '패스포트(passport)'와 '딕셔너리(dictionary)'와 비슷하다는 사실을 알아차릴 것이다. 필요할 때 이 두 스페인어 단어가 떠오르지 않는다면 영어로 두 단어가 무엇이었는지 생각해 볼 수 있다. 그러면 갑자기 영어에 해당하는 두 스페인어 단어가 머릿속에서 떠오를 것이다. 앞서 학습은 그 어떤 요소보다 사전 지식의 영향을 많이 받는다고 설명했다. 새로운 지식을 다른 사전 지식과 연상시켜 기억하면 이를 활용해 스스로에게 더 많은 지식을 가르칠 수 있을 것이다. 바이링구얼 환경에서 자란 아이들이 손쉽게 멀티링구얼로 나갈 수 있는 비밀이 여기에 있다.

5. 시각화

마음속에서 이미지를 떠올릴 수 있다면 무언가를 배우기가 훨씬 쉬워진다. 두뇌는 특히 이미지를 더 잘 기억한다. 예를 들어 다음 질문에 어떻게 대답할지 생각해 보라. 당신 집의 거실에는 창문이 몇 개나 있는가? 아마도 이 질문을 받는 즉시 눈앞에 창문이 떠오를 것이다. 우리가 직접 봤거나 그림으로 표현할 수 있는 대상들은 추상적인 대상보다 훨씬 기억하기 쉽다. 예를 들어 다음 질문에 어떻게 대답할 것인가? 알파벳 X 앞에 오는 철자는 무엇인가? 사람들 대부분이 알파벳 전체를 이미지로 떠올리지는 못할 것이다. 대신 알파벳 철자를 중얼거리는 과정을 비롯한, 훨씬 더 긴 과정을 거칠 것이다. 시각화는 강력한 학습 원리이다. 이 기법에 대해서는 책의 후반부에서 더 자세히 살펴볼 것이다.

6. 개요와 논리

당신이 지금 파리 리옹 역에 서 있고 이제 모나리자의 그림이 걸려 있는 루브르 박물관에 찾아간다고 생각해 보자. 당신은 지금 센 강변 인근에 있는데, 손에는 파리의 지도를 들고 있다. 박물관은 센 강을 낀 좀 더 먼 곳, 노트르담 대성당 옆에 있는 섬 바로 뒤에 위치해 있다고 해 보자. 지도를 보니 박물관에서 약 4킬로미터로 떨어진 거리에 있음을 알 수 있다. 현 위치에서 루브르 박물관까지는 걸어서 30~40분 정도가 걸린다. 센 강 쪽으로 가려면 멀리 어렴풋이 보이는 에펠탑 쪽으로 가야 한다. 에펠탑까지 오면 지도는 더 이상 필요 없다. 강 쪽으로 내려가 노트르담이 있는 섬을 지날 때까지 쭉 따라 내려가다 보면 어느새 모나리자를 만날 준비가 끝난다.

지도는 우리에게 한 사물이 다른 사물과 관련해 어디에 위치해 있는지를 보여준다. 파리 지도를 보고 난 다음에는 파리의 전체적인 윤곽을 잘 알 수 있다. GPS나 갈릴레오가 없는 상황에서 서북쪽 방향으로 3.5 킬로미터를 가라는 말을 듣고서는 길을 찾기가 훨씬 어렵다.

개요에 대한 지식이 있으면 학습에도 도움이 되기 때문에, 지도에 있는 전체적인 윤곽을 보기만 해도 세부적인 길을 찾는 데 도움이 된다. 이 논제가 해당 주제의 다른 부분과 어떤 관계를 맺는가? 지금 읽은 내용이 앞으로 나오는 장들의 기본 토대를 구성하거나, 전에 읽은 내용을 바탕으로 삼고 있는가? 당신도 교재를 본격적으로 읽기 시작하기 전에 전체적인 책의 개요에 익숙해지라는 말을 들어본 적이 있을 것이다. 예를 들면 목차부터 먼저 살펴보는 것이다. 책을 본격적으로 읽기 전에 먼저 빠르게 각 장을 훑어보는 방법도 좋다. 이 방법 역시 개요와 논리의 원리를 기반으로 한 독서법이다.

개요와 논리의 원리를 적용할 때도 읽은 내용을 적극적으로 구성하는 행위가 중요하다. 일을 진행하는 순서를 선택한 다음, 이미 진행 중인 상황과의 관계를 파악하고 지식을 서로 연결 짓는 과정이 필요한 것이다. 어떤 대상에 대해 체계적으로 정리하거나 논리적인 관계를 파악해 두면 그 대상을 기억하기 쉬워진다. 특정 물질에 관해 분류해 달라고 부탁받은 사람들은 물질을 연구하라고 부탁받은 사람만큼 그 물질을 잘 기억한다는 연구 결과도 있다. EU 설립에 관한 자료를 읽어야 하는 사람은 1차 세계대전 및 2차 세계 대전과 관련된 역사적 문맥을 먼저 파악하는 쪽이 유리할 것이다. 미국에 있는 모든 주를 암기해야 하는 사람은 각 주를 (북동쪽, 남동쪽과 같은) 지리학적 위치나 알파벳 순서대로 분류하는 편이 현명하다. '아빠', '엄마', '달리다', '읽다,' '사과', '아이', '귤', '엄마', '수영하다'와 같은 단어 목록을 공부해야 하는 사람은 '가족'(아빠, 엄마, 아이), '과일'(바나나, 사과, 귤), 활동(달리다, 읽다, 수영하다)와 같은 집단으로 분류하는 쪽이 편리하다.

7. 암송

암송은 질문, 주제 혹은 핵심 단어를 본 다음, 자신에게 '지금 본 내용에 대해 알고 있는 것은 무엇인가'라는 질문을 던지는 행위로 이루어진다. 질문을 던진 다음, 할 수 있는 한 가장 많은 답을 줄줄 말해 보는 것이다. 암송하는 동안에는 책을 보아서는 안 된다. 얼마나 자신이 많이 알고 있었는지 확인하거나, 더 이상 답할 내용이 없을 때만 책을 볼 수 있다. 어떤 방법이 자신에게 가장 잘 맞는지에 따라 각 항목, 쪽, 장, 혹은 여러 장을 공부한 다음 암송하면 된다.

암송에는 수많은 장점이 있다. 암송을 하면 배우는 내용에 집중할 수 있고(적극적인 학습), (적어도 한 번은) 반드시 자신이 배운 것을 반복하게 된다. 뿐만 아니라 자신이 무엇을 알고 무엇을 더 연습해야 하는지 알게 되어 더욱 효율적으로 시간을 활용할 수 있다. 이 마지막 요소가 특히 중요하다. 암송은 스스로 피드백을 할 수 있게 해 주는데, 많은 연구자들은 이 피드백이 학습의 가장 중요한 구성 요소라고 생각한다. 무엇보다 이 모든 혜택 중 가장 큰 혜택은 암송이 실력을 발휘하는 능력을 높인다는 데 있다. 암송을 하면 지금 배우고 있는 내용을 앞으로 활용할 방법을 미리 연습해 볼 수 있다. 즉, 시험을 보기 위해 준비한 내용을 얼마나 알고 있는지 증명할 수 있는 것이다. 실제로 암송은 대단히 중요하며, 수많은 연구 결과에서 이 형태의 학습에 상당 시간을 투자해야 한다는 결론이 나왔다. 다시 한 번 반복하겠다. 수많은 연구 결과에서 암송에 상당 시간을 투자해야 한다는 결론이 나왔다. 이 연구들 중 하나에서는 두 집단의 학생들에게 다섯 개의 단어로 된 여덟 개의 목록을 읽게 했다. 한 집단은 각 목록을 세 번씩 암송하여 단어를 반복했다. 두 번째 그룹은 그저 각 목록을 세 번씩 읽는 것을 연습했다. 두 집단의 분석 결과가 나오는 데는 그리 오랜 시간이 걸리지 않았다. 48시간 후에 각 집단을 테스트한 결과 암송을 통해 복습한 집단이 더욱 우수한 기억력을 보였다.

이렇게 암송이 효과적인데도 암송을 하는 사람이 드문 이유는 무엇일까? 혹시 암송이 모든 형태의 학습에 적합하지 않아서일까? 그렇지 않다! 길든 짧든, 간단하든 복잡하든, 지루하든 흥미롭든 암송은 모든 유형의 자료에 사용될 수 있다. 암송을 통해 학습하는 사람이 적은 이유 중 하나로는 암송의 가치를 아는 사람이 별로 없다는 점을 들 수 있다. 무엇보다 가장 핵심적인 이유는 암송이 다른 어떤 형태의 학습보다 더 많은 노력을 필요로 한다는 데 있다. 같은 시간 동안 지금 막 읽은 내용을 철저히 점검하는 것보다 각 장을 그냥 다시 읽는 편이 훨씬 더 쉽게 마련이다.

이럴 때는 학습 동료의 도움을 받을 수 있다. 한 친구가 질문을 던지고 다른 한 친구가 질문에 답하는 형식으로 상대방에게 암송을 해주면 혼자서 질문을 던질 때보다 훨씬 더 즐겁게 암송할 수 있다. 게다가 질문을 떠올리고 질문에 답하지 못해 어려워하는 친구에게 설명해 주며 다양한 방식으로 공부하는 내용에 접근하면 그 자체로 얼마든지 학습 효과를 높일 수 있다.

8. 반복

더 많이 반복할수록 더 오래 기억하고 더 빨리 기억을 떠올릴 수 있다. 연구를 통해 반복을 하지 않으면 지식을 쉽게 망각한다는 결과가 입증되었다. 이 점에 대해서는 다음 도표를 참조하기 바란다.

교사들이 왜 그리 많이 알고 있다고 생각하는가? 교사들은 매번 가르칠 때마다 같은 주제를 몇 번이고 되풀이하게 마련이다. 점차 시간이 흐르면서 교사들은 워낙 많은 반복으로 기억이 머릿속까지 스며드는 수준에 이르게 된다. 반복에는 양적 강화를 받는 동안 어려운 주제의 의미를 점점 더 잘 파악하게 된다는, 또 다른 장점도 있다. 다만 이때 반복의 질이 다른 학습 원리, 특히 '집중'에 좌우된다는 사실 역시 명심해야 한다. 내용에 집중하지 않으면서 시선을 여기저기로 분산시키는 것은 반복이라고 할 수 없다. 어리석은 시간 낭비일 뿐이다.

어떤 대상을 완전히 꿰뚫고 있다고 느낀 후에도 반복을 계속하는 행위가 유익할 수 있다. 어떤 대상을 너무 잘 알고 있다고 생각하면 반복하는 행위(과잉학습)가 비효율적이라고 생각하기 쉽다. 하지만 여러 연구는 그렇지 않다는 점을 암시하고 있다. 어떤 것을 정복한 다음에 반복하면 이미 정복한 것을 더욱 오래 기억할 수 있다. 한 실험에서는 한 그룹의 학생들에게 주어진 목록을 다 외울 때까지 반복하게 했다. 일부 학생들에게는 다 암기한 후에도 추가적으로 50퍼센트를 더 반복하게 하는 과잉학습을 부가했다. 열 번 반복하여 목록을 전부 외운 학생들에게 다섯 번을 더 반복하게 시킨 것이다. 다음 날 학생들은 목록에서 전 날 배운 것보다 얼마나 더 많이 기억할 수 있는지를 점검 받는 시험을 치렀다. 학생들은 며칠 후에도 다시 시

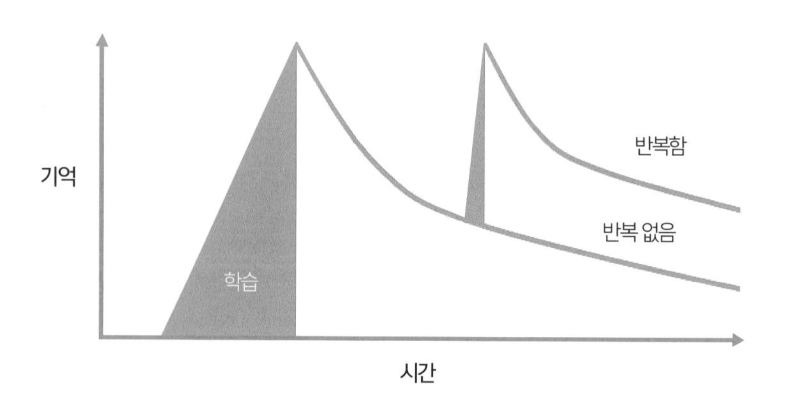

험을 치렀고, 한 달 내내 정기적인 간격으로 시험을 보았다. 처음 목록을 외운 후에도 꾸준히 반복했던 학생들은 모든 시험에서 더 좋은 점수를 기록했다. 이 실험 결과로 시험 며칠 전에 전면적인 노력을 기울인 학생들(이 학생들은 내용을 전부 외우지만 오랜 시간을 들여 반복하지는 않는다) 이 시험이 끝난 지 얼마 되지 않아 '모든 내용을 잊어버렸다'고 느끼게 되는 이유의 일부를 설명할 수 있다.

학습의 8가지 근본 원리 – 간단 요약

> 집중(주의)은 모든 학습의 필수 조건이다. 하지만 동시에 여러 가지에 집중할 수는 없다. 지금 공부하는 내용에 집중하지 않는다면 앞으로 그 내용 중 어떤 것도 제대로 기억하지 못할 것이다.

> 학습을 더욱 간단하고 효율적으로 만드는 다른 원리로 의미와 이해, 관심사, 연상 작용, 시각화, 개요와 논리, 암송, 반복이 있다.

이해에 대하여

앞 장에서 이야기한 대로, 이해는 학습의 근본 원리다. 어떤 내용을 더 잘, 혹은 더 깊이 이해할수록 그 내용을 기억하고 사용하기가 더욱 쉬워진다.

이해의 수준

우리는 사람들에게 자주 '이해가 됐나요?'라고 묻는다. 하지만 이해는 '네' 혹은 '아니오'로 답할 수 있는 문제가 아니다. 이해는 어떤 대상을 얼마나 많이 이해했는가 하는 수준으로 측정되어서는 안 된다. 어떤 대상을 어느 정도 이해했다는 말은 그 대상을 깊이 이해했다는 말과는 다르다. 프랑스어를 조금 할 수 있게 되었다는 말이 프랑스어를 유창하게 할 수 있다는 말과 다른 것처럼 말이다. 당시에는 어떤 대상을 이해했지만 시간이 흘러 제대로 설명할 수 없다면 그 대상을 그저 피상적으로 이해한 데 지나지 않는다. 이 경우, 같은 대상을 깊이 이해했을 때보다 그 대상을 기억할 수 있는 가능성이 줄어들 것이다. 그러므로 어떤 대상을 이해하기 위해 쓴 시간은 결코 낭비가 아니다.

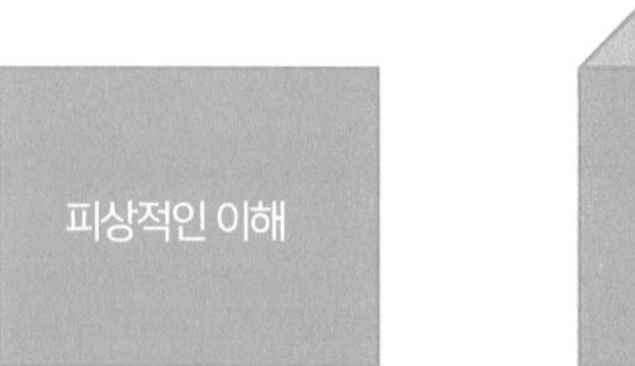

이해 Vs. 암기

대체로 대학 교육 과정은 고등학교 교육보다 더 깊은 수준의 이해력을 요구한다. 사실 이해는 모든 학습에서 중요하다. 하지만 우리는 제한된 시간에 극도로 많은 일을 처리해야 할 때가 많다. 이때를 위해 몇 가지 간단한 경험의 법칙을 알아두면 큰 도움이 될 것이다.

어떤 과목의 공부는 다른 과목보다 근본적으로 더욱 이해하기 어렵다. 예를 들어 수학, 양자물리학, 거시경제학의 핵심 개념을 이해하는 것은 역사와 마케팅 같은 과목을 이해하는 것보다 더 큰 부담이 될 때가 많다. 이처럼 어려운 과목들의 또 다른 중요 요소는 이런 과목의 많은 개념이 다른 개념을 바탕으로 형성된다는 점이다. 이런 과목을 공부할 때는 어느 한 개념의 이해를 빠뜨리면 다음에 나오는 개념을 파악하기 더욱 힘들어질 수 있다. 어떤 주제 혹은 주제 영역을 공부하는 데 평범한 다른 과목보다 더 많은 노력이 필요할 때도 많다.

하지만 피상적인 이해만으로 '충분한' 경우도 있다. 이와 같은 예로 파이 π(3.14)의 사용, 원주율과 원의 넓이 공식을 들 수 있다. 그림을 참고하여 파이가 무엇인지 설명할 수 있겠는가? 아마 쉽지 않을 것이다. 그렇지만 파이 값이 3.14이고 어떻게 그 값을 사용하는지는 누구나 기억할 수 있다. 어떤 개념을 깊이 이해하기 위해 많은 시간이 필요함에도 시간에 비해 얻는 성과가 그리 크지 않은 경우도 있으므로, 우선순위를 정하는 데 많은 노력을 기울여야 한다. 그렇다면 이해가 대단히 중요한 경우는 언제이며, 이해하는 과정을 건너뛰어도 좋은 때는 언제인지 한번 간추려 보도록 하겠다.

● 다음 경우에는 이해하는 것이 중요하다

> 이해하지 않고서는 내용을 기억하기 어려운 경우

> 해당 내용이 앞으로 나올 내용/주제의 근본 개념을 형성하는 경우

> 지금 배우는 내용이 자신이 장차 하고 싶은 일에 핵심적인 영향을 미치는 경우

> 시험에서 단순히 내용을 반복하는 것뿐만 아니라 새로운 문제에 적용할 것을 요구할 경우

> 시험에서, 특히 구술시험에서 주로 그렇듯이 내용을 깊이 파고들어가는 경우

● 다음 경우에는 이해하는 것을 건너뛸 수 있다

> 암기하는 것보다 이해하는 데 훨씬 오랜 시간이 걸리는 경우

> 공부하는 내용이 앞으로 장차 하게 될 일에 그리 핵심적이지 않을 경우

> 시험/검사를 앞둔 상황에서 시간이 충분치 않거나, 시간을 다른 일에 할당하는 편이 더 나은 경우

이해력을 키우는 방법

무언가를 이해하려면 우선 사전에 필요한 지식을 습득하는 데서 시작해야 한다.

그런 다음 두 가지 활동, 다시 말해 독서와 학습, 그리고 혼자서 보는 시험(과제)을 결합해야 한다.

다음 표를 살펴보도록 하자.

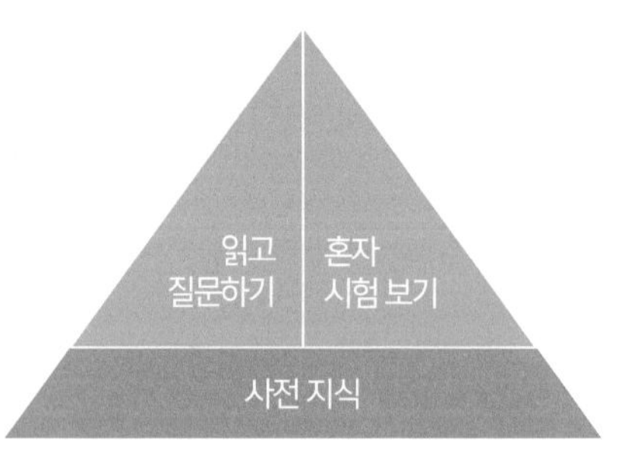

> 사전 지식: 집을 짓기 전에는 반드시 기본 토대부터 구축하라

통계학의 표준편차는 '집단 혹은 표본의 분포 지수'라고 정의할 수 있다. 표준편차가 무엇인지 알려면 집단, 표본, 분포가 무엇인지 이해해야 한다. 이해는 기억이 사전 지식을 토대로 삼는 것 이상으로 우리가 이미 알고 있는 지식을 바탕으로 형성된다. 따라서 무언가를 더욱 심층적으로 이해하려면 먼저 기본적인 사항을 이해해야 한다. 나는 개인적으로 바로 이런 이유 때문에 사람들이 수학 과목을 버거워 한다고 생각한다. 수학 과목을 어려워하는 사람들은 일찌감치 수학을 포기해 버린 다음 다시는 깊이 이해하려 노력하지 않는다. 모든 수학 개념은 다른 개념을 바탕으로 하기 때문이다.

우리가 기본적인 사항을 이해하지 않았다는 점이 아니라 잊어버렸다는 점에 문제가 있을 때도 있다. 이럴 때, 잊어버린 사항을 다시 이해하려 하는 것은 전혀 부끄러운 일이 아니다. 다시 배울 때 훨씬 속도가 빨라진다는 장점도 있다. 대학교에서 수학을 배우기 시작했을 때, 나는 고등학교에서 수학을 배운 지 2년이 넘었기 때문에 당연히 상당 부분을 잊어버린 상태였다. 나는 오래된 책을 꺼내 들고 잊어버린 내용을 다시 공부했다. 물론 상당히 빨리 따라잡았다.

> 읽고 질문하기

새로운 개념을 이해하려면 교재를 읽거나 다른 사람에게 물어봐야 한다. 이 새로운 개념들을 기억하는 데도 학습의 원리인 연상 작용, 개요, 집중, 시각화를 적극 활용하라. 새로운 내용을 이미 전에 알고 있던 사항과 연관시켜라. 아니면 이 내용을 문맥상의 다른 사항과 연결시켜라.

여러 가지 설명 방법을 찾아본다 | 한 가지 사례나 설명 방법만으로 충분하지 않을 때가 있다. 교재나 강의만으로는 내용을 이해하기 충분치 않을 때도 있다. 두 가지 경우 모두에 여러 가지 설명 방법을 찾아보는 편이 유리하다. 여러 권의 책을 찾아보거나 다른 사람에게 내용을 설명해 달라고 부탁할 수도 있다. 인터넷에서 검색해 보면 수많은 설명 방법을 발견할 수 있을 것이다. 예를 들어 파이가 무엇인지 알기 위해 인터넷에서 파이에 대해 검색해 본다고 하자.

그림으로 설명될 수 있는지 찾아본다 | 복잡한 내용을 찾아야 할 때는 '한 장의 그림이 수천 마디 말보다 더 많은 것을 말한다.'는 오래된 경구를 떠올려 봄 직하다. 말만으로는 설명이 충분하지 않은 경우도 있다. 그럴 때는 인터넷에서 도움이 될 만한 그림이나 동영상을 검색해 보아라.

문제에 대해서 생각하며 잠을 청한다 | 연구에 따르면 두뇌는 우리가 잠들어 있을 때도 끊임없이 문제를 해결하려고 노력하고, 수면을 취하는 동안 우리의 이해력이 향상된다고 한다. 어떤 실험에서는 한 그룹의 사람들에게 일련의 길고 긴 숫자들을 보여 주었다. 숫자들은 참가자들이 직접 이해하는 방법을 찾아야 하는 체계로 배열되어 있었다. 그 자리에서 즉시 암호를 해독해 낸 사람은 거의 없었지만, 하룻밤 자고 나자 훨씬 더 많은 사람들이 문제를 해결할 수 있게 되었다. 그러므로 하루 종일 많은 노력을 했는데도 계속 이해되지 않는

문제가 있다면, 그 문제를 잠시 접어두고 다음날 다시 해결하려 노력하는 편이 더욱 현명하다.

> 혼자서 시험 보기- 문제를 풀어 보라

가능한 많은 문제를 풀어 보거나, 이미 이해한 내용을 설명해 보아라. 자신의 설명이 명쾌하고 간단한지 확인하라. 설명을 뒷받침하는 자신만의 고유한 예를 찾아보아라. 설명을 뒷받침하기에 부족한 예를 찾은 다음, 왜 그 예를 사용할 수 없는지 알아보아라. 문제점을 발견한 후에는 더 많은 시간을 들여 위의 단계를 다시 반복한다.

양적 훈련 | 가끔 어떤 개념은 너무 어려워서 반복적으로 노출되거나, 과제 혹은 사례를 충분히 접해야만 이해할 수 있는 경우가 있다. 이런 개념을 제대로 이해하려면 양적 훈련이 무척 중요하다.

이해에 대하여 – 간단 요약

> 이해는 피상적인 이해와 심층적인 이해로 구분하여 평가해야 한다. 문제를 깊이 이해할수록, 문제를 기억하고 새로운 문제에 그 지식을 활용하기가 더욱 쉬워진다. 하지만 짧은 시간 내에 많은 내용을 전부 이해해야 할 때는 간단한 개념을 깊이 이해하는 데 사용하는 시간을 조절해야 한다.

> 무언가에 대한 이해를 높이려면

❶ 근본적인 개념과 전제를 반드시 이해하고

❷ 여러 가지 해결 방법을 찾아본 다음

❸ 사례를 조사해야 한다.

과제를 해결한 다음 새로운 지식을 자신의 고유한 방식으로 활용하려 노력하라. 이때 양적 훈련의 도움을 받을 수도 있다. 수면 역시 이해에 도움이 된다.

혼자 혹은 함께 배우기

혼자 공부하는 시간

자리에 앉아 혼자 공부하는 시간을 가장 잘 활용하려면 시간 배분을 잘하여 집중력과 지식이 최고조에 달할 수 있게 해야 한다. 몇 가지 구체적인 추천 방안을 소개하기 전에 먼저 이 부분에 대해 부연 설명을 할까 한다.

집중

집중이 가장 중요한 학습 원리라는 사실을 기억하는가? 집중하고 있을 때, 우리는 가장 높은 효과를 얻을 수 있고, 목적의식도 분명한 상태가 된다. 물론 우리 대부분은 어디에 집중할지 스스로 선택할 수 있다. 하지만 집중 역시 다른 학습 원리와 마찬가지로 외적 · 내적 요인의 영향을 받는다.

- 의욕이 있는 상태에서
- 관심이 있는 상태에서
- 내부적인 요인(불안, 걱정, 지루함 또는 그 밖의 감정)으로 방해받지 않을 때

- 외부적인 요인(소리, 동작, 불쾌한 공기)으로 방해받지 않을 때
- 생리적 욕구(수면, 음식, 음료, 편안함) 가 충족되었을 때 집중하기 더욱 쉽다

더군다나 대부분의 학생들은 완전히 집중해서 본격적인 학습 모드에 들어가기까지 약간의 예비 시간이 걸린다. 책과 필요한 모든 준비물을 갖추는 데 시간이 걸릴 뿐 아니라, 정신적인 측면에서 공부에 적응하는 데도 시간이 필요하기 때문이다. 실제로 두뇌가 온전히 집중하려면 20분의 시간이 필요하다고 생각하는 전문가들도 있다.

어떻게 하면 두뇌가 지식을 가장 잘 흡수할까?

두뇌가 지식을 흡수하는 능력, 즉, 무언가를 배운 다음 진행되는 머릿속의 심리적인 과정은 내용을 처리할 약간의 시간을 줄 경우, 더욱 효율적으로 이루어진다. 따라서 공부하는 사이에 약간의 휴식을 취하는 것이 좋다. 쉬는 동안 공부한 내용을 더 잘 흡수할 수 있기 때문이다. 특히 휴식 시간 동안 아무것도 하지 않을 때 가장 높은 학습 효과를 거둘 수 있다. 그러므로 아무것도 하지 않으며 쉬는 시간은 텔레비전을 보거나 다른 사람들과 대화하는 시간보다 훨씬 더 효과적이다. 다만 휴식 시간 동안 하는 다른 활동 역시 우리의 정신적인 에너지와 동기를 고취할 수 있다. 따라서 휴식 시간을 어떻게 보낼지는 스스로 판단해야 한다.

우리가 하루 중 어느 시간에 공부하고, 얼마나 오래 공부하며, 얼마나 많이 쉬고, 어디에 앉아서 공부하는가는 모두 우리의 집중력과

두뇌가 지식을 흡수하는 능력에 영향을 끼치는 선택사항이다. 그렇다면 어떻게 하면 가장 좋은 선택을 할 수 있는지 함께 살펴보도록 하자.

참새족 Vs. 올빼미족

가장 의욕이 많이 생기고 가장 높은 집중력을 유지할 수 있는 시간을 선택하라. 나는 주로 이른 아침에는 산만한 편이지만 밤이 되면 차분해지곤 한다. 그래서 대체로 밤에 공부하는 쪽을 선택한다. 그러나 반대로 아침에는 의욕이 생기고 기운이 넘치지만 오후에는 쉽게 지치는 사람은 아침 일찍 공부해야 한다. 잠들기 전에 책을 읽는 것이 효율적이라는 말을 들어본 적이 있을 것이다. 잠이 들기 전에 책을 읽는 것의 장점은 두뇌가 다른 자극으로 방해 받지 않기 때문에 효율적으로 지식을 흡수한다는 데 있다.

얼마나 오래 앉아 공부할 수 있는가

앞서 온전히 집중하는 상태가 되려면 20분의 시간이 필요하다고 언급했다. 그러므로 공부하는 공간을 미리 잘 정리해 두어 한 번에 오래 집중하는 것이 좋다. 다만 공부하는 데 이상적인 시간은 개인마다 차이가 있다는 점을 명심하기 바란다. 30분 동안 집중적으로 공부할 때 효과적으로 학습할 수 있는 사람이 있는가 하면 한 시간 이상의 긴 시간을 필요로 하는 사람도 있다. 나의 경우에는 최소한

두 시간이 확보되지 않으면 좀처럼 서재에 앉지 않는다. 나는 무언가를 검토하는 정도의 일 아니고서는 두 시간 안에 특별한 일을 하지 못하기 때문이다. 그래서 두 시간 이하의 시간만 활용할 수 있을 때는 이메일과 과제 같은 작업을 처리하거나 인터넷 뱅킹을 하며 시간을 보낸다.

그러므로 무조건 공부 시간을 길게 하지 말고 자신의 집중력에 맞추어 시간을 조정하는 것이 바람직하다. 그래야 꾸준히, 집중력 있게 공부할 수 있고 효율도 높일 수 있다. 다섯 시간 동안 앉아 있었는데도 여전히 기운이 넘치고 집중할 수 있다고 느낀다면, 공부를 멈출 이유가 전혀 없다. 그러나 머리가 아프거나, 안 좋은 일이 있었거나 좀처럼 의욕이 생기지 않고 우울한 날에는 다른 일을 하면서 시간을 보내는 편이 더욱 현명하다. 공부하기 좋지 않은 날도 있는 법이다.

휴식 시간

앞에서 살펴보았듯이, 두뇌에게 지식을 흡수하고 처리할 시간을 준다는 점에서 휴식은 상당히 중요하다. 그리고 무엇보다 휴식은 집중력을 끌어올려 준다. 그러므로 공부하는 시간에 휴식 시간을 추가하는 것은 상당히 중요하다.

> 휴식 시간의 길이

두뇌에게 지식을 흡수할 시간을 준다고 해서 휴식 시간이 반드시 길어야 할 필요는 없다. 단 2분의 휴식으로도 충분할 때도 있다. 하지만 잠시 눈을 쉬게 하고 집중력을 강화하려면 여기에 몇 분을 더 추가해야 한다. 네 시간이 넘도록 오랫동안 자리에 앉아 있었다면 휴식 시간의 길이는 좀 더 늘어나야 할 것이다. 식사 시간을 활용하여 좀 더 긴 휴식을 취하는 방법도 좋다.

> 휴식 시간 사이의 길이

왜 거의 모든 학교의 수업이 45분에서 60분간 지속되는지 생각해 본 적이 있는가? 심리학자들은 약 50분간의 수업이 가장 이상적이라는 결론을 내린 바 있다. 수업 시간이 이보다 더 짧으면 학생들이 이른바 '학습 모드에 진입하기'까지 너무 오랜 시간이 걸린다. 반면 더 길면 학생들이 집중력을 잃어버린다. 그러나 이 시간이 혼자 공부할 때도 반드시 이상적인 것은 아니다. 50분의 규칙은 공부하는 과목의 수준이나 주제 혹은 학생들의 상태, 그 밖의 여러 가지 상황을 반영하지 않는다. 우리는 각자 시간을 투자하여 자신만의 경험의 법칙에 따라 언제 몸이 쉬는 시간을 필요로 하는지 파악해야 한다. 공부가 원활하게 진행되는 상황에서는 60분이 지나도 굳이 휴식을 취할 필요가 없다. 혼자 공부할 때는 집중하기 어려워졌다는 생각이 들기 시작할 때가 바로 휴식을 취할 때다. 따라서 언제 휴식을 취하는가는 자신의 상태나 공부하는 내용의 난이도에 달려 있다. 까다로운 과목을 공부하는 중이라면 대체로 더 쉽게 피곤해지기 때문에 더 자주 휴식을 취해야 할 것이다.

> 공부하기에 가장 좋은 장소는 어디인가?

이론상으로는 효과적으로 집중할 수 있는 한, 집에서 공부하든 자습실이나 그룹 스터디 룸에서 공부하든 큰 차이가 없다. 다시 말해, 공부하기에 가장 좋은 장소는 방해 받지 않고 집중하여 작업할 수 있는 곳이다. 자리를 뜨고 싶다는 생각이 들지 않고 공부하는 것이 자연스럽게 느껴지면서도, 방해 요소가 거의 없거나 귀마개 등을 사용해 그와 같은 요소를 각자 차단할 수 있는 곳이 가장 이상적이다. 더불어 다음과 같은 사항도 중요하다.

- 충분히 큰 작업 공간
- 편안한 의자 (긴 의자보다는 사무실용 의자가 더 좋다.)
- 밝은 조명(어두운 조명 아래 책을 읽으면 눈이 더 쉽게 피로해진다.)
- 쾌적한 환기 시설/공기의 질
- 필요한 용품(책, 사전, 필기도구, 프린터 등)을 활용할 수 있는 여건 (공부할 때는 필요한 용품들을 항상 옆에 두어야 한다.)

도서관이나 자습실은 금세 산만해지기 때문에 집에서 공부하는 것이 가장 좋다고 생각하는 사람도 있다. 하지만 대부분의 사람들은 정확히 그 반대를 선호한다! 자습실이나 도서관은 많은 사람들에게 소속감을 주는 것은 물론 공부에 대한 동기부여까지 해 주기 때문이다. 주변의 움직임이나 소리에 크게 영향을 받지 않는 사람이라면 커피숍이나 도서관에서 작업하는 것이 좋다. 적당한 백색소음은 뇌를 활성화해 집중력을 향상시킨다는 연구 결과도 있다. 반면, 집에서 공부하는 것의 장점 중 하나는 배가 고플 때 부엌이 그리 멀리 있지 않아 식당을 찾는 시간을 줄일 수 있다는 점이다. 하지만 텔레비전이나 컴퓨터, 이 밖에 다른 여가 거리의 유혹이 많다는 강력한 단점도 존재한다.

> 공부하는 바른 자세

집중력을 높이기 위해서는 높낮이 조절이 가능한 의자 위에 등을 곧게 펴고 앉아 바닥에 다리를 내려놓고 팔은 책상에 자연스럽게 올려놓는 자세를 유지하는 것이 도움이 된다. 학습 전문가인 피터 쿰프는 책상 표면에서 45도를 이루는 위치에 책을 두는 것 역시 좋은 방법이라고 말한다. (그림 참조)어떤 상황에서도 침대나 소파에서 공부하는 것은 피하려 애써야 한다. 무언가를 수정하는 작업을 하거나 잠자리에 들 생각이 없다면 말이다.

> 공부와 음악

심리학자들은 음악이 학습에 주는 효과에 대해서 다소 회의적인 입장을 보인다. 나 역시 음악과 관련해서는 자신에게 어떤 방법이 잘 맞는지 각자 실험해 봐야 한다고 생각한다. 다만, 한 가지 확실하게 말할 수 있는 것은 라디오나 노래 사이에 나오는 광고처럼 음악과 대화가 결합된 소리를 들으며 학습하는 것은 좋지 않다는 점이다. 뇌가 집중하는 데 방해가 되기 때문이다. 내 경우는 음악을 들으면서 책을 읽으면 기억에 남는 것이 더 적지만 필기를 하거나 문제들을 풀 때는 음악이 그리 크게 거슬리지 않는다. 단, 주변의 소음이 큰 환경에서 작업할 때는 예외다. 나는 소음이 큰 환경에서 일할 때는 주로 음악을 틀어 놓는 편이다. 예측할 수 없는 소음보다는 음악을 듣는 편이 더 낫기 때문이다.

혼자 공부하는 시간 – 간단 요약

> 혼자 효율적으로 공부하려면 반드시 집중해야 한다. 가장 활기 넘치는 시간에 공부하라. 그리고 반드시, 주의가 흐트러지거나 방해 받지 않는 환경에서 공부해야 한다.

> 공부 시간이나 휴식 시간의 간격에 대한 공식은 잊어라. 할 수 있는 한 가장 오래 자리에 앉아 몰입을 유지하고, 필요할 때 휴식을 취하라.

> 반드시 충분히 큰 작업 공간, 충분한 조명, 필요한 모든 용품을 활용할 수 있는 여건을 갖추어라.

강의를 잘 듣는 기술

교재 내용이 대단히 복잡할 때는 종종 강의가 교과과정과 과목의 핵심 사항을 반영한다. 따라서 이번 장에서는 강의를 가장 잘 활용할 수 있는 방법을 살펴보도록 하겠다.

집중과 참여

집중 | 집중이 학습의 중요한 원리임을 기억하라. 우리는 집중하지 않고서는 아무것도 배우지 못한다. 휴대전화를 보면서 강의를 들은 다음, 쉬는 시간에 필요한 부분을 배울 수도 있지만 휴대전화와 강의에 동시에 집중할 수는 없다.
독일에서 생물학을 공부하는 내 조카는 강의를 듣는 동안 집중할 수 있는 독창적인 방법을 찾았다. 조카는 강의 전에 친구와 휴대전화를

교환한 다음 서로의 휴대전화를 비행 모드로 설정했다. 그리고 휴식 시간이 되기 전까지 휴대전화를 절대, 주고받지 않았다. 그렇게 함으로써 방해 요소를 안전하게 제거하고, 강의를 잘 따라갈 수 있게 되었다.

참여 | 질문을 던지거나 하는 방법으로 강의에 적극적으로 참여하면 학습 효과가 높아진다.

강의에 참여할 때의 핵심 사항은 교과과정이나 시험과 밀접하게 관련된 단서나 단어에 적극적으로 귀를 기울이는 데 있다. 똑똑한 학생은 강사가 "요약하자면……", "가장 결정적인 것은…….", "이 부분이 중요한 이유는……" 이라는 말을 꺼내면 귀를 쫑긋 세운다.

태도의 놀라운 힘

보통 공부에 흥미가 없을 때는 구부정하게 앉거나 턱을 괴게 된다. 신체 언어는 우리의 정신적인 태도를 있는 그대로 드러낸다. 하지만 많은 심리학자들은 이 관계가 우리가 흔히 생각하는 것처럼 일방적이지만은 않다고 주장한다. 신체 언어를 사용하여 거꾸로 정신적인 태도를 바꿀 수도 있다. 기분이 별로 안 좋을 때 억지로라도 웃는다면 조금은 기분이 좋아지게 마련이다. 두뇌는 미소를 긍정적인 것으로 받아들이기 때문이다. 주눅 들었을 때도 허리를 똑바로 펴고 가슴을 앞으로 내밀고 고개를 높이 쳐들고 걷는다면 자신감이 더 높아진다. 신체가 이 자세를 안전하고 확고한 것으로 인식하기 때문이다.

또한 자세 연구에 따르면 등을 똑바로 펴고 손에 펜을 든 채 살짝 앞으로 기울인 자세로 앉으면 지식을 받아들이기 좋은 상태가 된다고 한다. 그리고 더 많은 것을 배울 수 있다고 한다. 우리의 신체는 집중하는 동시에 긴장을 푸는 일을 하지 못한다.

누구와 함께 앉을 것인가

우리는 한 번에 한 가지에만 집중할 수 있다. 따라서 우리의 집중력을 빼앗아 가는, 공부할 의욕이 없는 사람 옆에 앉는 것은 무척 어리석은 행동이다. 배우는 내용에 관심을 보이고, 우리에게 내용을 설명할 수 있으며 의욕이 생기게 하는 사람 옆에 앉아야 한다.

교실에서는 어디에 앉을 것인가

앉아서 배우기에 가장 좋은 위치는 맨 앞 줄 가운데 자리다. 이 자리에서는 칠판이 잘 보이고 강사의 설명도 잘 들린다. 교실의 맨 앞에 앉는다는 것은 눈앞의 시야를 가리는 학생들의 수가 적어지므로 그만큼 수업에 집중할 수 있다는 뜻이기도 하다. 뿐만 아니라 대체로 맨 앞 줄 가운데 자리가 가장 학습의욕이 높은 학생들이 앉는 자리다.

교실 맨 뒷자리가 제일 나쁘다. 뒷자리에 멀리 떨어져 앉으면 자신과 강사 사이에 앉아 있는 학생들에게 방해를 받아 정신이 산만해지기 쉽다. 칠판을 보거나 강사의 설명을 듣기도 어렵다.

강의 전 사전 준비

반드시 교과과정을 먼저 읽고 강의는 보완 자료로 사용하는 편이 더 좋을까? 상당히 어려운 과목을 공부하고 있어 강의를 따라가기 어렵다면 반드시 수업 전에 미리 교재를 읽어야 한다. 그러면 강의 내용을 이해하고 기억하는 일이 훨씬 수월해질 것이다. 다만 난이도가 그리 높지 않은 과목이거나 읽어야 할 자료가 너무 많을 때는 굳이 강의 시간 전에 모두 읽을 필요는 없다. 교재를 먼저 읽는가 나중에 읽는가 하는 순서가 별로 중요하지 않다. 시간이 별로 없을 때는 가장 어려운 과목을 우선적으로 준비하는 것이 현명하다.

역사학을 전공한 인터뷰이 한 명이 강의를 듣기 전에 준비하는 자신만의 방법을 설명한 적이 있다. "나는 사실 강의가 시작되기 전까지 관련 자료를 전부 다 읽지는 않아. 대신 강의를 요약한 자료를 읽고 강의 슬라이드를 보면서 준비해. 그러면 강의가 어떻게 진행될지 미리 알 수 있거든. 강의 듣기가 훨씬 편해져."

적극적으로 질문을 하는 편이라면 교육 과정을 미리 읽어가는 쪽도 도움이 될 것이다. 관련이 깊고 통찰력 있는 질문을 할 가능성이 더욱 높아지기 때문이다. 강의 시간이나 쉬는 시간에 질문을 할 수도 있다. 마인드맵의 형태를 빌려 필기하는 학생 역시 강의 시작 전에 주제에 관한 일정 수준의 지식을 미리 확보하는 편이 좋다. 개요를 파악해 두면 필기하면서 수업을 듣기 훨씬 더 쉬워지기 때문이다.

강의를 과감히 포기해야 할 때

사전에 준비를 했는데도 강의에서 얻는 바가 적다면 차라리 그 시간을 혼자 쓰는 게 더 낫지는 않은지 생각해 보길 권한다. '혼자 교재를 읽은 다음 과제를 하고, 그룹 스터디 시간이나 그 밖의 활동에 참여하여 교과과정을 다 이해할 수 있겠는가?'를 스스로에게 묻는 것이다. 이때의 중요한 전제 조건은 반드시 들어야 하는 필수 강의가 아니거나 그 과목에 참여하는 것이 전체 성적에 영향을 끼치지 않아야 한다는 것이다. 강의를 포기하는 일의 유일한 단점은 강사가 강의를 진행하며 시험에서 나오는 내용에 대한 유용한 단서를 제공할 수도 있다는 것이다. 그런 경우에는 강의가 끝난 다음 그 강의를 들은 다른 학생들과 대화를 나누어 항상 '최신' 정보를 알아 두는 편이 현명하다. 교대로 강의에 출석하는 작은 그룹을 만들어 함께 강의 순회 일정을 만드는 방법도 있다.

강의를 잘 듣는 기술 - 간단 요약

> 긍정적이고 흥미가 생기게 하는 바른 자세로 앉아라. 이런 자세는 강의 내용을 더욱 잘 받아들이게 만든다. 앞자리에 앉아라. 그래야 다른 사람들에게 방해받지 않고 칠판을 잘 볼 수 있다.

> 자신에게 방해가 되지 않고, 강의를 의욕적으로 듣는 학생들 옆에 앉아라.

> 강의 전에는 각 장의 내용이나 슬라이드를 훑어보면서 준비하라. 강의를 따라가기 힘들 때는 예습이 더욱 중요하다.

> 강의를 듣고 얻는 바가 적다면 강의를 듣기보다 차라리 혼자 시간을 보내는 편이 어떨지 생각해 보아라.

함께 공부하는 노하우

학습 동료나 스터디 그룹은 학습에 대단히 유익한 자산이 될 수 있다. 함께 공부하는 사람과 의욕과 즐거움을 나누는 것은 배움을 더욱 효과적으로 만들기 때문이다.

캘리포니아의 버클리 대학에서 수업을 들을 당시, 나는 방대하고 혹독한 교과 과정에 수많은 숙제와 주별 과제에 시달렸다. 모든 일을 혼자서 하기에는 너무 부담이 컸기 때문에 스터디 그룹을 짜는 것이 자연스러웠다. 내 스터디 그룹 멤버들은 정기적으로 만나 함께 숙제를 하고 서로에게 어려운 개념을 설명해 주었다. 그 과정에서 우리는 엄청난 시간을 절약할 수 있었다. 한번은 내가 사회학의 구조 동질성을 다룬 자료를 읽고 쩔쩔맨 적이 있다. 기사가 너무 어려워 두 번을 내리 읽고 난 후에도 하나도 이해할 수 없었다. 그러자 스터디 그룹의 한 학생이 '암호를 해독'하여 우리에게 재빨리 핵심 개념을 설명해 주었다. 이렇게 한 사람 이상이 모여 함께 공부하면 서로의 지식을 공유할 수 있다. 토론을 통해 주어진 내용을 효과적으로 익히고 서로 평가할 수 있다. 다른 사람에게 가르칠 수 있는 기회도 생긴다. 이는 자기 자신을 가르치는 데도 무척 효과적인 방법이다.

스터디 그룹의 일원이 되어 생기는 또 한 가지 장점은 서로를 챙겨 줄 수 있다는 데 있다. 몸이 아프거나 강의에 불참했을 때, 같은 그룹의 학생이 놓친 내용을 간단하게 요약해 줄 수 있는 것이다. 반대로 학습 동료나 스터디 그룹 때문에 성과를 거두지 못하는 경우도 있다. 다른 사람들과 함께 공부할 때는 더 재미있는 화제로 재빨리 초점이 이동하기 쉽다. 만약 스터디 그룹에서 공부하는 대부분의 시간이 잡담에 쓰인다면 혼자서 공부하는 편이 훨씬 낫다. 대신 휴식을 취할 때는 항상 다른 사람들과 함께 어울리고, 그 시간만큼은 공부에서 벗어나 사회적인 친교를 나누는 것으로 활용하는 방법도 있다.

하지만 자신과 잘 맞는 사람들을 찾아 공부에 집중할 수 있다면, 당신은 시간도 절약하고 효율도 높이는 공부법에 첫 발을 내디딘 셈이다. 그러니 과감하게 도전하라. 스터디 그룹에서 원활한 성과를 거두기 위해 갖춰야 할 몇 가지 조건은 다음과 같다.

1) 스터디 그룹에 참여하는 학생들 간의 지적 수준 차이가 너무 크지 않아야 한다. 모든 학생들이 다 잘할 필요는 없다. 하지만 학생들 간에 너무 큰 차이가 있다면 함께 공부하는 데서 많은 이익을 얻을 수 없다.

2) 한 그룹에 너무 많은 사람이 참여해서는 안 된다. 한 그룹의 숫자는 여섯 명을 넘기지 않는 쪽을 추천한다. 대체로 두 명에서 네 명의 학생이 함께할 때가 가장 좋다.

3) 각 모임 전에 얼마나 오랜 시간 동안 공부하고, 또 진도를 어디까지 나갈 것인지 미리 상의해 두는 편이 현명하다. 미리 계획을 세워 두지 않으면 일정을 지키지 못해 목표한 성과를 거두지 못하게 된다.

스터디 그룹에 효과적인 기본 규칙

이번에는 스터디 그룹과 함께 공부하면서 지켜야 할 몇 가지 기본 규칙을 소개하겠다.

- 교과과정을 나누어 그룹 멤버들에게 분배한다. 각 학생들에게는 자신이 맡은 부분을 파악하고 그 부분에 대해 필기할 책임이 있다. 그런 다음 그룹끼리 만나 각자 맡은 부분을 설명하고 필기한 자료를 공유한다.
- 기출 문제를 함께 검토한다. 한 학생이 잘 풀지 못하면 다른 학생들이 도와준다.
- 시험 전에 서로 문제 풀이를 한다.

함께 공부하는 노하우 – 간단 요약

> 함께 공부하는 것은 자신이 진도를 잘 따라갈 수 있을 때만 효과가 있다.

> 자신이 어떤 부분을 맡고, 얼마나 오랜 시간 동안 함께 공부할 것인지 사전에 미리 합의한다.

> 스터디 그룹은 두 명에서 네 명까지의 인원이 적합하다.

독서법

제대로 읽기

효과적인 독서법에 있어 무엇보다 중요한 것은 얼마나 빨리 읽느냐가 아니라는 사실을 강조하고 싶다. 독서의 핵심은 읽은 내용을 이해하고, 가장 중요한 내용을 요약하고 기억하는 데 있다. 책을 잘 읽는다는 것은 얼마나 빨리 페이지를 넘기는가, 또 얼마나 여러 번 읽었는가로 평가되지 않는다. 빠르게 책을 읽는 능력은 장점이 될 수도 있지만, 이는 자신이 읽은 내용을 제대로 이해하고 기억할 수 있을 때만 그렇다.

효율적인 독서

책을 읽을 때는 다음의 학습 원리를 적용하는 것이 중요하다:

개요 | 새로운 교재를 읽기 시작할 때는 반드시 먼저 목차부터 읽어야 한다. 전체적인 윤곽을 훑어보며 책에 담긴 내용에 익숙해져야 한다. 세부적인 내용을 전체적인 맥락과 함께 연결하는 것도 도움이 될 것이다. 책에 어떤 자료(핵심 용어 목록, 부록 등)가 있는지도 미리

살펴보아라. 재정학을 공부하는 내 친구 하나는 이와 같이 윤곽을 파악하는 단계를 '헬리콥터에 올라타기'라고 부른다. 그는 이 과정을 다음과 같이 설명했다. "나는 한 번도 책을 처음부터 끝까지 읽어 본 적이 없어. 쓸데없는 일이라고 생각하거든. 대신 늘 우선 헬리콥터에 올라타려고 애쓰곤 해. 그러니까 전체적인 윤곽을 파악하는 거지. 그럼 핵심 내용이 무엇인지 알 수 있고, 그걸 토대로 내용을 쌓아올릴 수 있거든."

집중 | 외부자극(소리와 이미지)을 차단하라. 오로지 독서 행위에만 초점을 맞추어라. 적극적으로 읽어라. 끊임없이 자신에게 "무엇이 중요한가?" 하는 질문을 던져라.

연상 작용 | 모든 내용을 읽은 다음 자신에게 물어보아라. 지금 읽은 내용과 관련하여 내가 이미 알고 있던 지식은 무엇인가?

관심사 | 읽은 내용이 단지 더 좋은 점수를 얻는 데만이 아니라 다른 의미 있는 통찰력과 능력을 키우는 데 도움이 되는지 살펴보아라.

더 잘 기억하기 위해 시각화, 암송, 반복을 사용하라. 필기를 한 다음 책에 강조 표시를 하거나, 전통적인 방식의 필기를 하거나 마인드맵을 활용하는 방법도 좋다(이와 관련된 세부 사항에 대해서는 각 장의 설명을 참고하라).

SQ3R 독서 전략

독서 전략은 책을 읽는 동안 효율적인 학습 원리를 시행하는 데 도움을 준다. 가장 오래된 독서 전략은 1946년에 생겼으며 SQ3R(조사, 질문, 읽기, 암송, 검토)이라고 한다. 독서와 관련하여 이후 등장한 거의 모든 전략은 이 전략을 토대로 한다.

* **조사** Survey | 읽으려는 장의 윤곽을 빠르게 파악하라. 제목, 부제, 굵은 활자로 된 부분, 요약 부분을 읽어라. 이 과정에 5분이 넘는 시간을 쓰지 마라.
* **질문** Question | 스스로에게 질문하라. 이번 장을 읽는 목적은 무엇인가? 이번 장을 읽은 후 알아야 하는 점은 무엇인가? 이런 식으로 스스로 반드시 읽어야 할 부분에 대한 목표를 정하라. 자기 자신만을 위한 어떤 키워드도 만들지 마라. 읽는 장에 해결해야 할 문제가 생겼을 때 사용할 수 있는 질문이 있다. 인터뷰이 중 한 명이 알려준 질문으로, 그는 이 방법으로 큰 효과를 거두었다고 말했다. "책을 읽으면서 답을 찾아야 하는 구체적인 문제를 생각하고 이에 답하는 연습을 하면 학습 효과가 놀랄 정도로 늘어난다." 자신에게 거듭 질문하라. 지금 공부하는 내용과 관련해 내가 이미 알고 있는 것은 무엇일까? 어떤 연상 관계를 만들 수 있을까?
* **읽기** Read | 편안한 속도로 읽되 이해에 초점을 맞추어라.
* **암송과 검토** Recite and Review | 자신만의 표현을 사용하여 읽은 내용을 반복하려 애써라. 질문 항목에 실린 질문들에 답하라. 자신에

게 질문하라. 내가 방금 읽은 내용은 무엇인가? 이 질문에 답할 수 없다면 읽었던 부분으로 돌아가서 다시 읽어라. 기억하기 위해 읽을 때는 읽는 시간의 절반을 요약하는 데 투자해야 한다.

> 자료화

핵심 용어를 확인하거나, 다른 작업에 참고하기 위해 읽고 있는 책을 참고 자료로 활용해야 할 때는 해당되는 페이지에 표시를 해 두는 편이 좋다. 중요한 페이지에 포스트잇을 붙이거나 책갈피를 끼워 두어라. 앞으로 해당 부분을 찾아보려 할 때마다 시간을 절약할 수 있다.

> 책을 다 읽을 필요는 없다

어떤 장이나 항목을 건너뛰거나, 꼼꼼히 읽지 않는 데 죄책감을 느끼는 학생들이 있다. 하지만 효율적인 독서가가 되려면 이런 강박을 떨쳐 버려야 한다. 어떤 내용이 적혀 있다고 해서 그 내용을 반드시 읽어야 할 필요는 없다. 비판적으로 사고하라. 어떤 출판업자들은 책의 분량을 더 두껍게 만들어 더 높은 가격을 책정하려는 경향이 있다. 책에 있는 모든 내용이 전부 중요하지는 않다. 학습하기에 더 좋은 책이나 더 좋은 방법을 발견했다면, 읽기를 중단하고 더 좋은 책이나 방법으로 주저 없이 넘어가야 한다.

읽은 단어 수와 읽기의 성과는 거의 아무런 상관이 없다. 옥스퍼드 대학에서도 입증한 사실이다. 나는 옥스퍼드를 다니면서 이미 석사 학위를 받으며 들었던 몇 과목을 다시 들었다. 그런데 옥스퍼드에서는 어떤 과목에 대한 교재가 따로 없었다. 50쪽이 채 안 되는 짧은 논문들뿐이었다. 800쪽이 넘는 무거운 교재를 중심으로 공부하던 석사 학위 과정과는 완전히 달랐다. 내가 한 강사에게 이런 점에 대해 묻자 그가 이렇게 대답했다. "기본적인 기념을 익히려고 800쪽이나 되는 분량을 읽는다는 건 정말 쓸데없는 일이지. 일단 그럴 시간도 없지 않나?"

> 읽기 속도

빨리 읽기보다 정확히 이해하는 게 중요하지만 사실, 읽기 속도는 공부에 직접적인 영향을 준다. 그런데 읽기 속도가 집중력을 높일 수 있다는 사실은 알고 있는가? 80mph의 속력으로 운전하는 운전자가 40mph의 속력으로 운전하는 사람보다 더 집중할 수밖에 없듯이, 상대적으로 더 빨리 읽는 사람 역시 더 느리게 읽는 사람보다 더욱 집중할 수밖에 없다. 최대한 집중하지 않고서는 빠른 속도를 감당할 수 없기 때문이다.

보통 사람들은 1분 당 약 250단어를 읽는다. 전체 인구의 단 1퍼센트만이 1분당 400 단어가 넘는 빠른 속도로 읽을 수 있다. 천문학적으로 빠른 속도로 읽는 사람은 일부에 지나지 않는다. 예를 들어, 영국의 앤 존스라는 소녀는 해리 포터 시리즈의 가장 최근작(750쪽)을 47분 만에 다 읽었다고 한다. 1분당 4,244 단어의 속도로 읽었다는 뜻이다.

공부를 하는 데 있어 중요한 자질 중 하나는 읽는 내용에 따라 적절한 읽기 속도를 선택하는 능력이다. 우리의 목표는 언제나 빨리 읽는 데 있지 않다. 아래 표에서처럼 상황에 따라 적절한 속도로 읽는 게 가장 좋다. 읽기의 목적은 다음과 같이 열거할 수 있다.

- 전체적인 윤곽 파악하기
- 새로운 개념을 이해하고 기억하기
- 질문에 대한 답 찾기
- 이미 알고 있는 주제를 반복하기
- 즐기기

읽기 속도	분당 단어 수	해당 자료
매우 천천히	〈 200	사전 지식이 없는 새롭고 매우 어려운 자료
천천히	200~300	다소 어려운 자료. 약간의 사전 지식이 있음 .
빠르게	300~600	쉬운 자료. 상당한 사전 지식이 있음
매우 빠르게	600~800	교재 내용이 무엇인지에 대한 전체적인 윤곽을 잡아야 함. 매우 잘 아는 주제를 반복할 때.
건너뛰며 읽기	800〈	핵심 용어 점검

질문에 대한 답을 찾으면서 교재를 훑어보다 보면 어려운 내용도 처음 읽을 때보다 더 빨리 읽을 수 있게 될 것이다. 위의 표가 그 좋은 출발점이 될 것이다.

여기서 중요한 점은 읽기 속도를 정확하게 구별하는 것이 아니다. 상황에 따라 저마다 다른 속도가 적합하다는 원리를 이해하는 것이다. 누구나 지금보다 더 빨리 읽을 수 있다. 자신의 한계를 극복하는 데는 수많은 장점이 있다. 이제부터 어떻게 더 빨리 읽을 수 있는지 함께 알아보기로 하자.

제대로 읽기 – 간단 요약

> 효율적인 읽기 기술에서 중요한 것은 읽기 속도가 아니라 얼마나 많이 이해하고 기억했는가다.

> 모든 걸 전부 읽을 필요는 없다. 읽은 단어의 수가 아니라 이해와 기억에 초점을 맞추어라.

> 독서에 읽기의 학습 원리를 접목하기 위해 'SQ3R'이라는 독서 전략을 활용하라.

조사 우선 각 장을 빠르게 훑어본 다음 마지막으로 요약된 내용을 읽어라.

질문 자신이 배우고자 하는 내용이 무엇이며, 왜 그 내용이 적절한지에 대해 질문하라.

읽기 편안한 속도로 읽되 이해에 초점을 맞춰라

암송과 검토 배운 내용을 암송하라. 각 주제, 쪽, 세부 항목이 끝날 때마다 암송하고 검토할 수 있다. 질문에 답할 수 없을 때는 다시 질문에 답하려 하기 전에 앞으로 돌아가서 다시 한 번 읽어라.

속독의 기술

이번 장은 독서에 관해 설명한 앞장의 부연 설명이다. 따라서 앞 장의 내용을 읽어야 이번 장에서 충분한 효용을 얻을 수 있다.

속독 기술은 우리의 읽기 속도를 늦추는 요소를 줄이거나 없애는 일을 목적으로 한다. 일반적으로 속독 기술을 정복하면 읽은 내용을 기억하는 데 지장을 받지 않으면서도 읽기 속도가 두세 배로 높아지는 것을 경험한다.

속독 기술을 살펴보기 전에 먼저 읽기 속도를 결정하는 요소와 읽기 속도를 늦추는 요소가 무엇인지 알아보도록 하자.

- 집중하는 단어 수의 부족 (한 번에 한 단어만 읽음)
- 소리 내지 않고 따라 읽기 (입술을 움직이든 머릿속으로만 읽든 읽을 때마다 모든 단어를 발음함)
- 뒤돌아오기 (다시 뒤로 돌아가 여러 번 읽은 부분을 다시 읽음)
- 집중력 부족/공상(읽고 있는 내용이 아닌 다른 데 초점을 맞춤)
- 내용의 난이도나 사전 지식의 수준

한 번에 여러 단어 읽기

책을 읽을 때 우리의 눈은 일정한 속도로 교재를 따라가지 않는다. 이리저리 조금씩 움직인다. 집중하려면 눈이 가만히 있어야 한다. 눈이 움직이지 않고 집중하는 데는 약 4분의 1초가 걸린다. 한 번 집중할 때 한 단어만 읽는 사람이 많다. 하지만 읽기 속도를 높이려면 한 번 멈추어 집중할 때마다 더 많은 단어를 읽는 데 익숙해져야 한다. 다음의 예시를 참조하기 바란다. 위의 그림은 한 번 집중할 때 한 단어에 집중하는 모습을, 아래 그림은 한 번 집중할 때 여러 단어에 집중하는 모습을 보여준다. 훈련을 통해 우리도 아래 그림과 같이 한 번에 여러 단어에 집중할 수 있다.

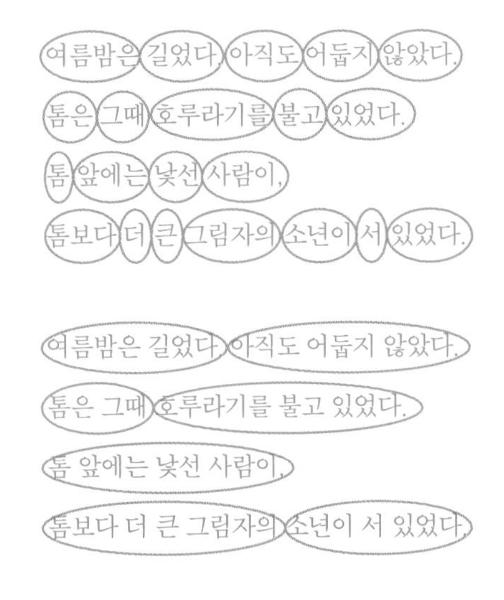

소리 내지 않고 따라 읽기

집중하는 단어 수의 부족이라는 개념과 밀접한 관계가 있는 개념이 바로 소리 내지 않고 따라 읽기다. 소리 내지 않고 따라 읽기란

간단히 말해 우리가 읽는 단어를 동시에 머릿속으로도 발음한다는 뜻이다. 모든 단어를 정신적으로 발음하고 '듣는' 것이다. 책을 읽는 동안 입술까지 움직이는 사람도 있다. 그러면 자신이 말하는 속도(분 당 약 150단어)와 동일한 속도로 읽기 때문에 읽기 속도가 떨어질 수밖에 없다. 하지만 반드시 이렇게 할 필요는 없다. 뇌는 우리가 말하는 속도보다 훨씬 더 빠른 속도로 생각할 수 있기 때문이다. 당신은 자동차의 그림을 보고 그 자리에서 바로 의미를 이해할 수 있다. 왜 '자동차'라고 적혀 있는 단어를 반드시 소리 내어 발음해야 하는가? 더 빠른 속도로 읽으려면 이와 같은 쓸데없는 연결 고리를 반드시 잘라 버려야 한다. 위 그림을 참고하라.

위 그림에서는 따라 읽지 않는 사람이 단어를 보고 있다. 이 사람의 두뇌는 즉시 의미를 이해한다(왼쪽 그림). 하지만 머릿속으로 소리를 내며 따라 읽는 사람은 두뇌가 의미를 받아들이기 전에 내면의 소리가 활성화 된 후에야 듣는다(오른쪽 그림). 읽기 속도를 늦추는 여러 가지 다른 습관을 고치기보다 이 습관을 없애기가 더욱 어렵다. 잠시 후에 이 습관을 고치려면 어떻게 해야 하는지 알아볼 것이다.

되돌아가기

뒤로 돌아가서 같은 내용을 여러 번 읽으면 읽기 속도가 당연히 떨어진다. 그런데 무의식적으로 이런 행동을 하는 사람들이 상당히 많다. 이들은 조금 읽다가 다시 앞으로 되돌아가 같은 문장을 한 번 더 읽는다. 사람들이 앞으로 되돌아가 다시 읽는 이유는 주로 집중력이 부족하거나 자신의 기억력에 대한 믿음이 거의 없기 때문이다. 다음 그림을 참고하라.

집중력 부족/공상

공상하거나 생각이 여러 가지 다른 곳을 헤매게 놔두면 기억력과 읽기 속도 모두가 떨어진다. 읽다가 잠시 멈춰 읽은 내용에 대해 생각하거나, 이미 알고 있는 정보와 연결하려는 행동에는 전혀 문제가 없다. 오히려 긍정적이다. 하지만 공부를 하면서 점심으로 무엇을 먹어야 하나와 같은 문제를 생각하기 시작하면 게임에서 이미 지기 시작한 것이다. 단 좋은 소식도 있다. 속독을 위한 기술을 사용하면 무척 빨리 읽게 되므로 공상에 빠질 여유 없이 집중할 수밖에 없게 된다.

자료의 난이도 혹은 사전 지식의 수준

무겁고 전문적인 책은 읽는 데 더 오랜 시간이 걸린다. 외국어로 된 책에도 같은 원리가 적용된다. 이와 같은 자료를 읽을 때는 알지 못하는 단어를 많이 읽어야 하므로 더 오래 생각해야 한다는 문제가 생긴다. 이런 책들은 속독에 적합하지 않다.

구체적인 기술

> 손가락 속도계를 사용한다

책을 읽을 때 손가락을 사용하는 방법에 관한 기술이다.

첫 번째 단어를 가리킨 다음 손이 좌우로 움직이게 하라. 손가락을 사용하는 데 익숙해지기 위해 우선 예전과 같은 속도로 읽어 나가라. 하지만 시간이 흐르면서 손가락이 속도를 결정하고 눈이 손가락을 따라가야 한다. 이 기술을 사용하는 것의 장점은 이미 읽었던 부분으로 다시 거슬러 올라가지 않고 반드시 일정한 속도를 유지하여 집중할 수 있게 한다는 점이다.

손가락을 사용하는 방법을 추천하지만 볼펜이나 다른 물건을 사용할 수도 있다. 태블릿 PC를 사용하는 사람은 종이 한 장을 손가락처럼 둘둘 말아 포인터로 사용할 수 있다.

> 더 많은 단어에 집중하기

앞서 설명했듯이 눈이 멈추어 집중하는 데는 4분의 1초가 필요하다. 읽기 속도를 높이려면 한번 눈을 고정했을 때 적어도 두세 단어를 읽을 수 있어야 한다. 많은 사람들에게 이것은 익숙하지 않겠지만 사실 그리 어려운 일은 아니다. 책 위에 손을 올려놓아 보자. 그런 다음 가운뎃손가락에 집중해 보아라. 가운뎃손가락에 집중하면서도 네 번째와 다섯 번째 손가락도 볼 수 있을 것이다.

> 더 빨리 읽어라

손가락을 사용해 읽고 한 번에 여러 단어에 집중하는 데 익숙해진 후의 마지막 단계는 속도를 높이는 것이다. 이 과정에서 일시적으로 이해력이 떨어질 수도 있지만 그렇다고 해서 당황하지는 마라. 시간이 흐르면서 차츰 기억력이 회복될 것이기 때문이다. 손가락을 움직일 수 있는 한 최대한 빨리 읽어라.

> 속으로 따라 읽기를 줄여라

이 습관은 없애기 가장 힘든, 해로운 습관으로 어떤 사람들은 평생토록 완전히 없애지 못한다. 지금까지 언급한 기술을 사용하게 되면 읽기 속도가 무척 빨라져 어떤 경우에나 머릿속에 있는 모든 단어를 하나하나 발음하기 어려워진다. 따라 읽는 단어를 하나씩 줄여갈 때마다 읽기 속도가 더욱 빨라질 것이다. 예를 들어 다음 문장에서는 굵은 글씨로 쓰인 단어만을 발음하기로 선택할 수도 있다. "소크라테스는 많은 사람들에게 가장 위대한 최초의 철학자로 손꼽힌다." 속으로 따라 읽는 습관을 없애려는 노력의 일환으로 읽는 동안 마음속으로 '라라라라라' 혹은 'A-B-C-D'와 같은 말을 할 수도 있다.

속독 학습에 필요한 원리

> 연습하면 완벽해진다

속독을 배우는 것은 수영을 배우는 것과 비슷하다. 시간이 걸리고 목표로 삼은 방법으로 꾸준히 연습해야 한다. 실제로 읽기 속도를 두세 배 높이려면 약 4주에서 6주 동안 날마다 20분의 시간을 투자해야 한다.

> 참을성을 길러라

앞에서 언급한 바와 같이 처음에는 완벽한 이해를 포기해야 한다. 그러다 보면 좌절감이 생길 수도 있다. 아무것도 기억할 수 없는 상태에서 20분 동안 책을 읽다 보면 의욕도 사라지고 아무런 의미도 없는 것처럼 느껴지게 마련이다. 하지만 이는 속독 기술을 정복하려면 반드시 거쳐야 하는 과정이다. 눈이 새로운 속도에 적응해야 하기 때문이다. 다소 오래 걸리더라도 시간이 지나면 반드시 이해할 수 있게 된다.

> 단순한 글로 연습하라

외국어와 복잡한 문장으로 가득 차 있는, 무겁고 전문적인 책으로 연습하지 마라. 셰익스피어 원문이나 다른 고전 작가들이 쓴 작품처럼 해묵은 언어나 만연체로 되어 있는 소설을 읽으며 연습하지 마라. 상대적으로 간단한 책을 택하라. 이미 읽은 적이 있는 책이면 더욱 좋다.

> 현재 읽기 속도와 발전 추이를 측정하라

읽기 속도를 측정하려면 잠시 동안 책을 읽은 다음 얼마나 많은 단어를 읽었는지 확인해야 한다. 단어 수를 세는 빠른 방법은 워드 프로그램을 사용하는 것이다. 컴퓨터를 사용해 읽을 내용을 워드 프로그램에 복사하라. 5분 동안 읽은 부분까지를 단어 수로 환산해서 5로 나누면 1분당 읽은 단어 수가 나타날 것이다.

속독의 기술 – 간단 요약

> 읽기 속도를 높이려면 다음 세 가지에 익숙해져야 한다.

❶ 한 번 읽을 때 두 개에서 네 개의 단어를 읽는다.
❷ 규칙적이면서도 효율적인 속도로 책을 읽기 위한 도구로 손가락을 사용한다.
❸ 다시 거슬러 올라가 되풀이해서 읽지 않도록 집중한다.

읽기 속도를 높이려면 시간을 들여 훈련해야 한다. 대체로 읽기 속도를 두 배로 높이는 데는 4주에서 6주간 날마다 20분 동안 훈련해야 한다. 훈련할 때는 속도에 초점을 맞추어야 한다. 그러다 보면 이해하는 데 어려움을 겪을 수 있지만 이런 기술에 익숙해지면 반드시 이해하게 될 것이다.

필기법

전통적인 필기

필기는 강의나 교재의 핵심 사항을 파악하여 복습하는 데 사용하고, 시험에 대비해 공부할 내용을 요약하는 행위를 말한다.

필기의 장점

1) 자료를 정리하고 자신만의 표현으로 가장 중요한 내용을 기록하는 필기 과정 자체가 바로 학습이다.
2) 시험을 위한 복습에 최적화한 내용을 흡수하여 시간을 절약할 수 있다.
3) 별도의 강의 자료를 나누어 주지 않는 수업에서는 직접 작성한 필기 내용이 강의 자료와 가장 긴밀하게 연결된 유일한 자료가 된다. 필기를 왜 손으로 해야 하는지에 대해 강력한 견해를 내세우는 사람들도 있다. 이에 대한 내 입장은 명확하다. 자신에게 가장 잘 맞는 방법을 찾으면 된다. 컴퓨터로 작업하면 속도가 더욱 빨라지고, 이후에 처리하기도 훨씬 간단하다. 손으로 써서 알아보기 힘들다는 문제 역시 피할 수 있다. 하지만 그림과 공식을 많이 사용하는 과목

"가장 중요한 정보는 상자 안에서 적는 게 좋대"

에서는 뛰어난 터치스크린 기능이 없는 컴퓨터로 작업하면 답답함을 느낄 수도 있다.

적극적인 필기

'집중'이라는 학습 원리를 기억하는가? 어떤 내용을 그저 옮겨 적기(복사하기)만 하면 아무런 학습 효과도 얻지 못한다. 그러므로 자신이 적는 내용에 집중하고 기존 지식과 적절한 관계를 형성하는 것이 중요하다. 자신만의 고유한 표현을 사용하라. 강의 내용을 정리할 때나 책의 내용을 필기할 때나 마찬가지다. 이 원리를 사용하는 또 다른 방법으로 책의 내용을 필기할 때는 기억에만 의지하여 필기하고, 필요할 때만 책을 찾아보는 것이 있다.

북유럽 학생들은 수업중에 필기하지 않는다

신중해져라. 가장 중요한 부분만을 선택하라. 쓰거나 읽는 데 오랜 시간이 걸리는 문장 전체를 옮겨 적지 마라. etc나 km같은 약어를 자유롭게 사용하라. 교재 내용을 필기할 때는 모든 내용을 전체적으로 다 읽기 전까지는 필기하지 않는 편이 현명하다. 읽는 동안 필기하면 너무 많은 내용을 필기하게 될지도 모른다. 이 점은 앉아서 강의를 듣는 동안 필기할 경우에 훨씬 더 중요하다. 더 많은 단어를 적을수록 강사가 말하는 내용에 귀 기울이기보다, 필기하는 기술적인 과정에만 더 많이 집중하게 될 것이다. 수업에 집중하다 보면 나중에 구체적으로 필기하는 과정도 더욱 빨라진다.

* **사례 1** | "볼프강 아마데우스 모차르트는 1756년에 태어나 1791년에 사망했다." ⇨ "W. A. Mozart (1756~1791)"

* **사례 2** | 원더랜드의 법률 체계는 세 가지 법적 권한으로 이루어져 있다. 첫 번째 법적 권한은 지방 법원에 있다. 법원에서 심리한 모든 소송은 이곳에서 출발한다. 지방 법원의 판결에 불만이 있는 측은 다음 단계의 법적 권한인 항소 법원에 항소할 수 있다. 어느 한 측이 항소 법원의 판결에 불만이 있는 경우, 최종 법적 권한인 대법원에 항소할 수 있다.

⇨ 원더랜드 법적 권한: 지방 법원 → (항소) → 항소 법원 → (항소) → 대법원

구조와 체계를 갖추어라

'개요와 논리'라는 학습 원리를 기억하라. 논리적인 방식으로 필기 내용을 정리하라. 그렇게 하면 읽는 데도, 기억하기에도 더욱 쉽다. 자연스럽게 흐름이 이어질 경우 분류 체계를 사용하라. 주제, 총알 목록(Bullet list ; 순서가 없는 목록. 반면 순서 있는 항목을 정리할 때는 법 목록 ; Legal list를 사용한다)을 사용하고 핵심 정보 주변에 경계선을 표시하고 이탤릭체, 밑줄 긋기, 굵은 활자체, 배경색 등을 사용하라. 기호와 그림과 여러 가지 색깔을 사용하라.

> 코넬대 노트법

이 방법은 코넬대학의 월터 파우크 박사가 개발한 필기의 기술이다. 이 기술은 간단히 말해 필기할 종이 한 장을 세 가지로 구분하는 방법으로 이루어진다. 필기를 위한 주요 공간에서 왼쪽의 여백에 질문과 핵심 용어 정의를 적고 아래에는 가장 중요한 사항을 요약하여 적는다. 오른쪽 그림을 참고하라. 코넬대 노트법의 장점 중 하나는 구조적으로 생각하여 가장 중요한 대목을 파악할 수 있도록 이끈다는 점이다.

필기한 내용을 한 부 따로 깨끗이 보관해야 할까?

어떤 사람들은 강의가 끝난 후 필기한 사항을 깨끗이 따로 적어 둘 것을 권한다. 나는 이 방법이 필기의 목적과 질에 달려 있다고 생

* 코넬대 노트법

핵심 용어
질문

강의 필기

필기 요약

각한다. 어떤 경우든 이미 알아볼 수 있는데 손으로 쓴 내용을 굳이 새로 옮겨 쓸 필요는 없다. 정서하는 과정에서 대단한 학습 효과도 얻을 수 없으며, 그 시간을 차라리 다른 일을 하는 데 쓰는 게 낫기 때문이다. 다만 필기한 내용을 다시 깨끗이 정리하고 개선하는 데도 장점은 있다. 이것은 자료를 준비하는 방법이 된다.

얼마나 많이 필기해야 할까?

필기의 장점은 다른 활동에 투자하는 시간과 비교하여 판단해야 한다. 앞서 언급한 대로 그저 내용을 베끼기만 해서는 아무것도 배울 수 없다. 필기하느라 강의를 '따라잡을' 수 없다면 다시 생각해 봐야 한다. 강사가 파워포인트 슬라이드 혹은 다른 좋은 자료를 나눠 주었는가? 아니면 강의 내용이 교재에 잘 설명되어 있는가? 필기한 내용을 앞으로 시험을 준비하는 데 사용할 것인가? 필기 내용을 다음에 한 번도 보지 않거나, 이미 복사한 자료를 받았다면 애초에 필기할 필요가 없다. 필기하는 데 적지 않은 시간이 걸린다는 점도 고려해 봐야 한다. 교재에 있는 주요 내용에 강조 표시를 한 다음 가장자리에 적어 두고 필기 대신 활용하는 방법이 더 나을 때도 있다.

전통적인 필기 – 간단 요약

> 나중에 실제로 사용할 경우에만 필기하라.

> 필기할 때는 개요와 논리라는 학습 원리를 사용하라. 분류 체계, 총알 목록, 교재 주변의 상자 표시를 활용하라. 밑줄 긋기, 배경색, 기호, 특히 여러 가지 색상을 사용하라.

> 필기할 내용을 신중하게 선택하라. 자신만의 표현으로 간결하게 필기하라.

마인드맵

마인드맵은 몇백 년 전부터 존재해 온 필기의 시각적 형태지만 실제로 인기를 끌게 된 시기는 1950년대다. 이 방법을 적극적으로 따르는 사람들은 마인드맵이 전통적인 필기 방식보다 더욱 융통성 있고, 재미있고, 효율적이라고 주장한다.

마인드맵의 한 가지 장점은 개념들이 서로 조화를 이루는 방법을 보여 주고, 많은 단어를 사용하지 않아도 된다는 점이다. 이 방법은 '연상 작용', '개요와 논리', '시각화'라는 학습 원리를 바탕으로 한다. 이 같은 이유로 무척 많은 사람들이 마인드맵을 효율적으로 사용하고 있다. 이 방법은 강의를 필기할 때나, 교재를 혼자 정리할 때 사용할 수 있다. 정치 과학을 전공하는 한 인터뷰이가 자신이 어떻게 마인드매핑을 사용하는지 들려 준 적이 있다. "나는 어렵다고 느끼는 대목을 마인드맵으로 정리해 벽에 걸어 두죠. 그러면 '항상' 볼 수 있거든요. 마인드맵을 하루에 몇 번씩 쳐다보는 데는 5분밖에 안 걸립니다. 시험 볼 때도 마인드맵을 통한 시각화를 활용하는데, 문제를 풀다 막히면 마인드맵에서 본 내용이 무엇인지 떠올리곤 하죠."

효과적인 마인드매핑의 기술

- 최대한 큰 종이를 사용하라. 모든 것을 기록할 자리를 찾으려 쩔쩔매기보다 차라리 아주 큰 공간을 마련해 두는 것이 낫다.
- 종이를 가로로 배치하여 측면에 가장 많은 공간을 사용할 수 있게 하라.

● 종이 중간에 주제를 쓴 다음 각자 나뉘는 길을 만들어라. 만든 경로마다 최대 한두 개의 단어를 적어라. 주제를 적은 곳 제일 가까이에 주요 개념을 적고 점점 더 먼 곳에 덜 중요한 세부 사항을 적어라.

● 자연스러운 구조와 분류 체계를 사용하라. 거의 수평이 되게 단어를 적으려고 노력하여 나중에 사용할 때 적을 공간을 찾느라 종이를 빙빙 돌 필요가 없게 하라.

● 단어를 명확하게 적어라. 할 수 있는 한 다른 유형의 단어들 앞에 객관적인 단어와 동사, 명사를 사용하라.

● 창조성을 활용하라. 자신이 자랑스럽게 여길 만한 마인드맵을 만들어라. 색깔과 기호, 그림을 사용하라.

마인드맵 – 간단 요약

> 마인드맵은 빠른 개요를 제공하는 동시에 연결 관계를 보여준다.

> 종이 한가운데서 시작하고, 각 경로 당 적은 수의 단어를 사용하며, 종이를 빙빙 둘러가며 적지 않도록 가로로 적어라.

> 색깔, 기호, 그림을 넣어 창조적으로 표현하라.

마지널리안

세 번째로 가장 간단한 필기 형식은 교재의 여백에 메모하거나 주요 문장, 핵심 단어, 정의, 표 등에 형광펜으로 강조 표시를 하는 것이다. 이처럼 책의 여백에 메모하는 사람을 마지널리안(marginalian)이라고 부른다. 성경 한 귀퉁이에 자신의 단상이나 해석 등을 메모해 두던 수도사들에서 유래된 이 말은 원전과 그것을 둘러싼 수많은 2차 텍스트 사이의 관계를 잘 드러낸다. 즉, 교재에 강조 표시를 하고 메모를 통해 해석하는 필기 행위는 또 다른 창작을 예비하는, 단순한 독서보다 한 차원 높은 보다 적극적인 공부인 것이다.

글에 강조 표시하는 것의 장점

- 전통적인 필기법보다 시간이 짧게 걸린다. 직접 적을 필요가 없기 때문이다.
- 용어 설명 찾기와 같이 보다 심화된 형태의 필기를 원한다면 이번 대목에서 원하는 답을 찾을 수 있을 것이다.
- 필기를 어디에 해 두었는지 항상 기억할 수 있다.

글에 강조 표시하는 것의 단점

- (전자책이 아닌 이상) 필기를 할 때 항상 시간을 들여 찾아봐야 한다. 큰 책인 경우는 책을 넘기는 데도 오랜 시간이 걸린다.

- '새로운 눈'으로 책을 다시 살펴 볼 가능성이 사라진다. (그럴 필요가 있는가?)
- 팔아야 할 목적이 생길 때 책의 가치가 사라진다. (이 사실이 중요한 고려 사항인가?)
- 책을 빌리지 않고 반드시 갖고 있어야 한다.(이 책을 사려면 얼마나 많은 돈이 드는가?)

강조 표시의 원리

가장 중요한 정보에만 표시하라 | 책이 중요한 정보로 가득 차 있거나 주제에 대해 알고 있는 내용이 별로 없다면, 이미 자료를 잘 알고 있는 경우보다 자연 더 많은 표시를 하게 될 것이다. 하지만 어떤 경우라도 경험상 강조 표시는 20퍼센트 이내로 하는 게 좋다.

적극적으로 표시하라 | 자동 조종 모드를 사용하여 이탤릭체나 굵은 활자로 쓰인 모든 대목에 기계적으로 표시하지 마라. 스스로에게 질문하라. 이게 정말 중요한가? 그렇다면 왜 중요한가?

의식적으로 색상을 선택하라 | 한 가지 색상을 사용하거나, 다른 유형의 정보에 각기 다른 색상으로 표시하는 시스템을 고안하라. 예를 들어 핵심 단어는 특정 색상으로, 공식은 또 다른 색상으로, 사례는 세 번째 색상으로 표시할 수 있다. 중요도를 정해서 표시할 수도 있다. 가장 중요한 부분에 한 색상, 조금 덜 중요한 부분에 또 다른 색상, 추가적인 보완 사항은 세 번째 색상으로 표시하는 것이다. 언젠가 나는 대학에서 이와 같은 색상 시스템을 적용하는 학생 옆에 앉은 적이 있다. 그는 자신이 중요하다고 생각하는 데는 노란색을, 이해하기 어려워 다시 살펴보아야 하는 데는 주황색을 사용했다. 또

평범한 볼펜을 사용해 질문과 생각, 개념을 적었다. 잠시 이야기를 나눠 보니 이 학생은 이렇게 하면 나중에 글을 다시 훑어보기 훨씬 수월해진다고 말했다.

강조를 남발하지 마라 | 한 항목이나 페이지를 다 읽기 전까지는 강조 표시를 시작하지 마라. 잘못된 부분에 너무 많이 표시하게 되는 불상사가 생길지 모른다. 단, 이미 내용을 잘 알고 있어 즉시 중요한 부분이 어딘지 알 수 있을 때는 예외다.

마지널리안이 되라

일단 교재에 필기하기로 결정했다면 비어 있는 여백을 최대한 유용하게 활용하여 자신만의 필기 내용, 글을 읽으며 생기는 의문 사항, 읽고 있는 내용에 연결할 수 있는 사전 지식, 추가 정보 등을 적어라. 여백을 창의적이며 적극적으로 활용하는 마지널리안이 되어야 한다.

마지널리안 – 간단 요약

> 모든 부분에 강조 표시를 할 필요는 없다. 경험상 대체로 20퍼센트가 좋다. 선택적으로 표시하라. 잠시 책 읽기를 멈추고 무엇이 가장 중요한지 스스로에게 물어보라. 한 가지 색상을 이용하거나 색상 시스템을 고안하라.

기억법

7가지 전통적인 기억술

기억술은 필요할 때 두뇌가 무언가를 떠올리기 쉽도록 내용을 최대한 단순하게 만드는 기술을 말한다. 물론 우리는 언제든 아무 생각 없이 그냥 내용을 주입하는 방법을 선택할 수 있다. 이런 주입식 방법은 앞으로 곧장 나아가는 길이지만 가끔은 가장 느리기도 하다. 우리가 지금부터 살펴볼 몇 가지 기술은 확실한 지름길을 알려 준다.

1. 연상 관계를 형성하라

무언가를 기억하는 가장 단순한 기술은 이미 알고 있는 다른 무언가와 연상 관계를 형성하는 것이다(연상 작용에 관한 학습 원리를 떠올려 보라). 원더랜드의 정당에 관해 배운다고 상상해 보자. 그리고 좌파가 원더랜드의 가장 오래된 정당이고 우파가 원더랜드에서 두 번째로 오래된 정당임을 빨리 기억하고 싶다고 해보자. 이때 '좌측에서 우측으로 읽어라'는 연상 관계를 떠올려 어느 측이 먼저 나왔는지 기억할 수 있게 될 것이다.

2. 무언가와 함께 분류할 수 있는지 살펴보아라

왜 전화번호가 2－2－6－7－8－4－2－4 와 9－4－5－6－9－8－9－3 대신 22 67 84 24 혹은 945 69 893과 같이 두세 개의 그룹으로 나뉘는지 생각해 본 적이 있는가? 그 이유는 여덟 개의 개별적인 숫자보다 네 개의 큰 숫자가 더 기억하기 쉽기 때문이다. 마찬가지로 g－r－o－u－p라는 다섯 철자 대신 '그룹(group)' 이라는 한 단어가 더욱 기억하기 쉽다. 다섯 개의 요소를 따로 기억하는 대신 하나만 기억하면 되기 때문이다.

3. 패턴을 찾아라

숨어 있는 패턴이나 원리를 찾아낼 수 있다면 무언가를 배우기 훨씬 쉬워진다. 패턴의 장점은 기억할 사항이 줄어든다는 데 있다. 하나하나의 요소를 기억하는 대신, 패턴과 함께 무언가를 기억하는 것만으로 충분하기 때문이다. 아마 당신도 미시시피(Mississippi)라는 단어에서 m을 제외한 '모든 철자가 두 번' 이상 반복된다는 말을 들어본 적이 있을 것이다. 또 다른 예로 691114161921242629313436 라는 숫자를 들어보기로 하자. 이 숫자를 그냥 통째로 외우는 데는 오랜 시간이 걸릴 것이다. 하지만 패턴을 찾으면 훨씬 더 빨리 외울 수 있다. 패턴은 6 그리고 3 + 2 + 3 + 2 이다. 다시 말해, 6 (+3) 9 (+2) 11 (+3) 14 (+2) 16 등인 것이다. 이제 이 숫자를 기억할 때는 매번 6으로 시작하여 +3 +2로 가다가 36으로 끝난다는 사실을 기억하기만 하면 된다.

4. 라임이 맞는지 확인하라

반드시 외워야 할 대상의 규칙을 만들 수 있다면, 기억하기가 더욱 간단해진다. 화학 공부를 할 때는 물에 산을 첨가하는 것은 괜찮지만 산에 물을 첨가하면 문제가 생긴다는 점을 기억할 필요가 있다. 그럴 때는 다음과 같은 운율을 이루는 문장을 만들 수 있다. "산에 물을 넣는 건 가능하지만 물에 산을 넣으면 산산조각 나지."("Acid in water is OK, but water in acid is far from placid.")

5. 약어 및 문장을 만들어라

여러 개의 단어로 된 집단을 공부하고 있다면 각 단어의 첫 글자로 기억하기 쉬운 단어(약어)를 만들 수 있는지 확인해 보라. 예전에 무지개의 색깔이 로이그비브('ROYGBIV' (빨/red, 주/orange, 노/yellow, 초/green, 파/blue, 남/indigo, 보/violet)라는 사실을 배운 적이 있을 것이다. 또한 '스파(SPA)'라는 단어는 그리스의 주요 철학자인 소크라테스(Socrates), 플라톤(Plato), 아리스토텔레스(Aristotel)의 이름과 순서를 알려 준다.

의미가 있는 단어를 만들어 내기 어려울 때도 있다. 이런 경우에는 대신 문장을 만들어 보는 쪽이 간단할 수도 있다. 다음 문장에는 태양계에 있는 행성들이 정확한 순서에 따라 배열되어 있다. '대단히 고상한 우리 엄마가 우리에게 막 식사를 차려 주셨다(**M**y **V**ery **E**ducated **M**other **J**ust **S**erved **U**s **N**ow.)'. (수성/Mercury, 금성/Venus, 지구/Earth, 화성/Mars, 목성/Jupiter, 토성/Saturn, 천왕성/Uranus, 해왕성/Neptune).

숫자를 기억해야 할 때는 문장을 다른 방식으로 구성할 수도 있다. 각 단어의 글자 수를 숫자로 표현하는 것이다. 예를 들어 '표를 구할 수 있을까요(Can I have a ticket)?'는 파이(π)의 숫자, 즉, 3.1416을 떠올리게 한다. ('Can (3) I (1) have (4) a (1) ticket (6).')

6. 주입하기

기억술을 사용하여 더 오래 기억할 수도 있지만, 무언가를 기억하기 위해 규칙을 만드느라 오히려 시간이 더 오래 걸리는 경우도 있다. 특히 좋은 규칙을 적용하기 어렵거나 기억할 방법을 만드는 데 시간이 오래 걸릴 때 더욱 그렇다. 이런 경우에는 앞서 언급한 전통적인 방식인 주입하기를 통해 기억하는 편이 좋다. 주입하기란 창의성의 힘을 빌리지 않고 같은 자료를 계속 되풀이하여 외우는 방법을 말한다. 시간이 부족하거나 외워서 바로 다음날 사용해야 하는 경우에도 마찬가지다. 이런 경우에는 자료를 가능한 짧은 기간에 외울 수 있는 방법을 찾는 것이 중요하다. 이 방법이 바로 일반적인 주입하기다.

7. 반복과 암송

어떤 기술을 사용하든 간에 암송하고 반복하여 적절히 배울 수 있게 하는 것이 가장 중요하다는 점을 명심하라. 직접 적은 필기 내용, 강의를 듣고 필기한 내용, 교재 등에 이 방법을 사용할 수 있다. 또 다른 대안으로 플래시카드가 있다.

> 플래시카드

플래시카드는 반복과 암송을 결합한 바람직한 방법이다. 카드 한 쪽을 보고 다른 쪽에 적힌 말을 기억하려고 노력해 보아라. 카드를 뒤섞은 다음 어떤 '방식'으로 읽을지 선택하는 방법도 있다. 플래시카드는 짧은 시간 동안 반복하는 데도 좋다. 휴대전화 어플리케이션을 다운로드한 다음 온라인에서 플래시카드를 만들어 언제나 가지고 다닐 수도 있다. 플래시카드를 사용한 몇 가지 사례를 살펴보도록 하겠다.

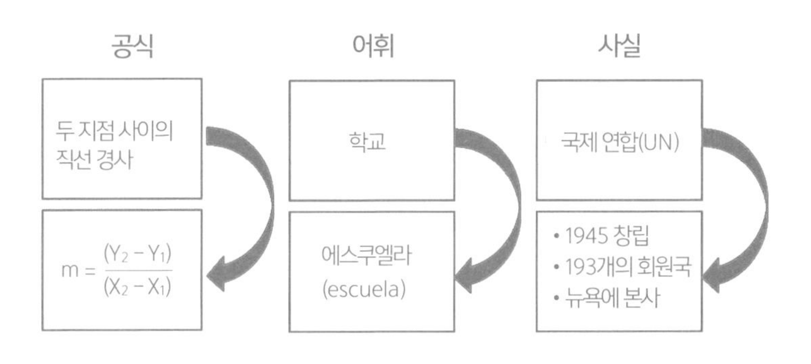

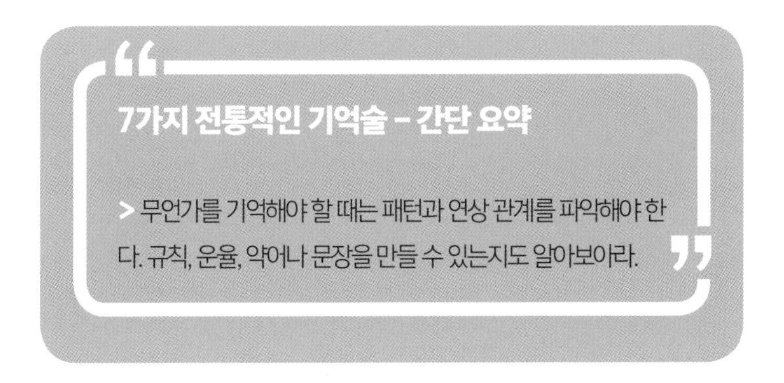

시각화

스페인어 수업을 들을 때 함께 수업을 듣던 학생이 강사에게 동쪽과 서쪽이라는 단어를 헷갈리지 않는 방법을 물어본 적이 있다. 두 단어는 스페인어로 'este' 와 'oeste' 로 거의 흡사했다. 그러자 강사가 얼핏 듣기에 엉뚱해 보이는 제안을 했다. "카우보이가 권총을 꺼내는 모습을 떠올려 보세요. 그리고 'oeste'의 o자 모양인 권총의 둥근 끝을 정면으로 바라보세요. 그러면 자신이 황량한 서부에 와 있다는 걸 알게 될 거예요." 학생들은 대답을 듣고 웃음을 터트렸지만 사실 이때 강사는 기억에 있어 매우 중요한 사항을 지적했다. 시각화 기술은 우리가 더 오래 기억하기 위해 사용하는 가장 강력한 도구다. 인간의 두뇌는 원래 글자보다 그림을 훨씬 더 잘 기억한다.

시각화란 무엇인가?

시각화 기법은 배우고자 하는 대상을 상상력을 사용해 그림으로 표현하는 방법이다. 시각화 기법이 효과적인 이유는 이 기법에 학습의 모든 원리가 내포되어 있기 때문이다. 시각화 기법을 활용하려면 자료를 이해할 수 있든 없든 자료에 의미를 부여하는 그림을 만들어야 한다(이해). 배워야만 하는 사항을 다른 무언가와 연결 짓게 된다(연상 작용). 시각화에는 집중하는 자세(집중)가 필요하고 특정한 구조(개요와 논리) 역시 필요하다.

> 해야 할 일

1) 반드시 외워야 할 대상을 찾아라. 필요한 경우 핵심 용어나 짧은 문장을 만들어라.
2) 위에서 만든 것과 유사한 단어나 이미지를 떠올려 보아라.
3) 그림으로 표현하라.

아문센이 1911년에 스키를 타고 남극에 발을 딛었다는 사실을 외워야 한다고 해 보자. 우리는 이 사건이 1900년대 초반에 일어났다는 것은 이미 알고 있지만 정확한 년도를 기억해야 할 방법이 필요하다. 스키 타는 사람은 아문센을 상징하기에 좋은 기호이고, 두 개의 스키 폴은 11이라는 숫자의 상징으로 나타낼 수 있다. 따라서 이때의 그림은 11자 모양의 폴을 양손에 들고 스키를 타는 사람이 될 것이다.

효과적인 이미지의 3가지 특징

효과적인 그림을 그리는 데는 일상생활 속에서 이미지와 더불어 살아가는 자세가 필요하다. 반드시 실제로 이미지를 마음속으로 떠올릴 수 있게 하라. 집중하는 데 도움을 받기 위해 눈을 감고 상상할 수도 있다. 이 밖에도 효과적인 이미지에는 일반적으로 상호작용, 움직임, 열정이라는 세 가지 특징이 있다.

> 상호작용 그림 속의 구성요소가 서로 다른 요소와 연결될 수 있게 하라. 한 물체가 다른 물체의 옆에 서 있거나 다른 물체를 가로지

르지 않게 하라.

> **움직임** 그림이 실제의 짧은 비디오 동영상처럼 움직임을 만들어 내며 살아 움직이게 하라.

> **열정** 더 많은 열정을 부여할수록 그림에 더 많은 개성이 부여되어 기억하기 더욱 쉬워진다. 한 가지 예를 들어보겠다. 스페인어로 침대를 뜻하는 'cama'라는 단어를 배워야 한다고 해보자. 마음속으로 낙타와 침대를 그려 보자. 앞서 설명한 원리를 몰랐다면 침대 옆에 서 있는 낙타의 모습을 떠올릴 것이다. 하지만 이런 그림에는 효과적인 이미지를 만들기 위한 특징이 전혀 반영되어 있지 않다. 대신 커다란 침대 위에서 어린 아이처럼 폴짝폴짝 뛰는 낙타의 모습을 떠올린다면 여러 가지 원리들을 더욱 적극적으로 활용할 수 있게 된다. 열정과 더불어 상호작용과 움직임의 원칙 역시 적용되기 때문이다.

뛰어난 상상력은 암기력을 위한 그야말로 환상적인 도구다. 황산의 화학식인 H_2SO_4를 배울 때 나는 마음속으로 두 개의 H와 네 개의 양말이 있는 그림을 떠올렸다. 나는 마음속으로 H 모양을 한 비행기 두 대가 양말을 공격하고 총을 쏘는 컴퓨터 게임을 그렸다. 내 그림에는 열정과 생생함이 있고, H와 SO가 서로 상호작용을 이루고 있다. 스페인어의 'este' 와 'oeste'에서 어느 쪽이

동쪽이고 서쪽인지 기억하겠는가? 나는 수업에서 설명을 들은 후로 한 번도 잊어버린 적이 없다.

또 다른 대안은?

핵심 단어를 표현하는 이미지로 적합한 아이디어가 너무 많을 때는 어떻게 해야 할까? 어떤 경우에든 대체로 다른 사람이 제안한 그림을 사용하기보다 자신이 스스로 떠올린 그림을 사용하는 쪽이 더욱 효과적이다. 덧붙여 대체로 처음 떠올린 아이디어를 택하는 쪽이 더 좋다. 훗날 기억 속에서 그림을 찾아낼 때 처음 생각한 아이디어의 일부가 떠오를 가능성이 높기 때문이다.

결합

시각화는 전통적인 기억술과 결합하여 사용할 수 있다. 미국의 오대 호수 이름을 기억하기 위해 흔히 쓰는 약어는 휴런 호(Huron), 온타리오 호(Ontario), 미시간 호(Michigan), 이리 호(Erie), 슈퍼리어 호 Superior)를 뜻하는 홈스(Homes)다. 이 약어를 기억하려면 호수 위에 떠 있는 집의 그림을 상상하면 된다.

시각화 기법의 한계

> **축어** 시각화 기법은 문장이나 축어로 이루어진 항목이 아니라,

핵심 용어 및 개념을 배우는 데 적합하다.

> 시간 좋은 그림을 만드는 데는 적어도 4초에서 8초의 시간이 걸린다. 따라서 수업을 들을 때와 같이 새로운 내용이 빠르게 제시된 경우에는 시각화 기법이 그리 효율적이지 않다.

> 추상적인 자료 '동정'이나 '분석'과 같이 추상적인 단어는 시각화하기가 무척 까다롭다. 좋은 그림을 떠올리기 어려워서다. 이럴 때는 시각화를 위해 쓰는 시간 자체가 무의미할 뿐 아니라 차후 그림이 무엇을 뜻하는지 기억하기가 상당히 어렵다. 추상적인 자료에는 전통적인 학습 방법을 사용하는 편이 더욱 효과적이다.

> 빈곤한 상상력 좋은 그림을 만들어 내는 데 상대적으로 더욱 큰 어려움을 느끼는 사람들이 있다. 물론 모든 사람은 훈련을 통해 더욱 능숙해질 수는 있다. 그렇지만 사물을 마음속에 그리는 능력이 부족한 사람은 시각화 기법을 제한적으로 사용하게 될 것이다.

시각화 – 간단 요약

> 눈앞에 있는 대상을 마음속에 그려보는 시각화는 우리가 사용할 수 있는 가장 강력한 암기 도구다.

> 강력한 시각화에는 상호작용, 움직임, 열정이 깃들어야 한다.

시각화 시스템

시각화 시스템은 여러 개의 핵심 단어를 함께 저장할 수 있게 하는, 일종의 머릿속 저장 시스템의 기능을 한다. 시각화 시스템은 목록과 사례 외우기에 적합하다. 이 시스템의 장점은 단어 집단을 외울 수 있게 할 뿐 아니라, 순서대로 외우게 해 준다는 데 있다(이 방법은 가장 유용하게 사용된다). 지금부터는 시각화 시스템 중에서 가장 잘 알려진 링크 시스템, 스토리 시스템, 로사이 시스템을 살펴보도록 하겠다.

1. 링크 시스템

링크 시스템은 외우고 싶은 단어의 그림들을 만든 다음 그림을 서로 두 개씩 연결하는 방법을 활용하는 시스템이다. 우선 그림 1과 2를 연결하고, 그림 2와 3을 연결한 다음, 그림 3과 4를 연결하는 식으로 하면 된다. 링크 시스템에서는 우리가 밧줄을 타고 올라갈 때 한 손을 옮긴 다음 다른 손으로 넘어가듯, 하나의 절차가 다음 절차로 이어진다.

UN 안보리의 상임 이사국인 중국, 프랑스, 러시아, 영국, 미국을 암기해야 한다고 상상해 보라. 우선 각 나라를 상징하는 사물을 그림으로 표현해야 한다. 가령 중국은 배추로, 프랑스는 에펠탑으로, 러시아는 체스판, 미국은 자유의 여신상, 영국은 해리 포터로 표현할 수 있다.

● **1단계** 한 사람이 에펠탑 위에 서서 아래로 배추를 던지는 모습을 그려본다.

● **2단계** 어떤 사람이 체스를 두고 있는데, 수많은 작은 에펠탑을 체스 말로 사용한다.

● **3단계** 해리 포터가 체스를 두다가 체스판을 치운다.

● **4단계** 해리포터가 자유의 여신상과 결투를 벌인다.

● **장점** 그림을 상상하는 과정이 빠르게 진행된다. 이 시스템은 앞뒤로 움직이는 연결 관계를 암기하는 데 적합하다.

● **단점** 20개 이상의 단위로 된 시스템에는 사용하기 어렵다.

2. 스토리 시스템

스토리 시스템은 사실 자유롭게 변하는 이야기로 엮은 링크 시스템과 같다. 예를 들어 에펠탑에서 양배추를 던졌는데 그 양배추가 앉아서 체스를 두는 선수들 앞에 떨어졌다고 상상할 수 있다. 첫 번째 체스 선수는 해리 포터다. 상대 선수는 자유의 여신상이다.

● **장점** 서로 뚜렷한 연관이 없는 수많은 링크를 암기하는 것보다 이야기를 암기하는 편이 더 간단하다고 생각하는 사람들이 많다.

● **단점** 연결 관계에 일종의 논리적인 흐름이 있어야 하므로 이야기를 만들어 내는 데 다소 오랜 시간이 걸릴 수 있다. 게다가 목록을 거꾸로 뒤집어서 외우기도 상당히 어렵다.

3. 로사이 시스템

로사이 시스템(Loci System, 혹은 기억의 궁전)은 생긴 지 2500년이나 된 고대의 기억술이지만 최근 들어서야 다시 인기를 끌기 시작했다. 로사이 시스템은 우리 마음속에 이미 선명하게 각인된 그림을 활용한다. 이 시스템은 우리가 잘 아는, 지리학적으로 제한된 구역의 '여행 경로'를 찾아내는 데서 출발한다. 예를 들어 집이나 방갈로, 할아버지 댁, 학교, 자신이 사는 동네, 가장 가까운 쇼핑센터 등을 출발 지점으로 사용할 수 있다. 여행 경로의 시작점을 찾은 다음에는 멈춤 지점들을 설정해야 한다. 기억해야 하는 단어 수만큼의 멈춤 지점을 선택하라. 집을 시작 지점으로 선택했다면 첫 번째 정거장은 우편함으로, 두 번째 정거장은 현관 앞 계단으로, 세 번째 정거장은 복도, 네 번째 정거장은 부엌, 다섯 번째 정거장은 거실 등으로 설정할 수 있다. 이때 각 지점이 분명히 떨어져 있어야 한다는 점이 중요하다. 예를 들어 부엌에 있는 냉장고나 오븐처럼 한 장소에 두 개의 정거장을 설정해서는 안 된다.

시간을 들여 여행 경로를 훑어본 다음 약간의 시간을 투자해 각 멈춤 지점을 명확하게 시각화하라. 이 과정을 여러 번 반복하라. 그런 다음 핵심 단어를 선택하여 한 정거장당 한 단어씩, 멈춤 지점을 따라 배치하라. 그리고 각 정거장마다 상호작용, 움직임, 열정의 원리를 바탕으로 한 강력한 시각적인 그림을 만들어라. 중국은 배추로, 프랑스는 에펠탑으로, 러시아는 체스판, 미국은 자유의 여신상, 영국은 해리 포터로 표현한 UN 안보리의 상임 이사국의 예를 들 수 있다.

우선 우편함에서 출발한다. 우편함을 열면 로켓처럼 불쑥 튀어 나오는 양배추에 부딪히지 않도록 조심하라. 다음에는 덧문으로 간다. 덧문이 회전문처럼 빙빙 도는 에펠탑으로 바뀐 모습을 볼 수 있을 것이다. 문 앞으로 가면 두 명의 체스 선수가 서로를 밀어 붙이며 싸움을 하고 있다. 그런 다음 부엌으로 간다. 해리포터가 앉아서 『반지의 제왕』을 읽다가 갑자기 "이게 훨씬 더 낫군." 하고 중얼거린다. 마지막으로 거실로 향한다. 자유의 여신상이 서서 벽에 그림을 그리고 있다.

> 로사이 시스템의 예

원소 주기율표의 첫 번째 다섯 가지 물질인 수소, 헬륨, 리튬, 베릴륨, 붕소를 외워야 한다고 상상해 보라. 그리고 각 단어당 한 정거장씩, 다섯 개의 멈춤 지점이 있는 로사이 시스템을 만든다.

외워야 할 단어	그림으로 표현한 단어	멈춤 지점	행동
수소 (Hydrogen)	소화전 (Fire hudrant)	정거장 1: 우편함	소화전이 고장이 나 물이 솟구쳐 나오고 있다.
헬륨 (Helium)	풍선 (Balloon)	정거장 2: 덧문	헬륨 풍선이 멀리 날아가고 있다.
리튬 (Lithium)	승강기 (Lift)	정거장 3: 복도	복도에 있는 승강기(엘리베이터)를 타고 있다.
베릴륨 (Beryllium)	꿀벌 (Bee)	정거장 4: 부엌	창문으로 벌떼가 날아들고 있다.
붕소 (Boron)	활 (Bow)	정거장 5: 욕실	로빈훗이 활을 든 채 욕실 거울 속의 자신을 쳐다보고 있다.

* 저자가 영어 발음의 유사성에 착안해서 만든 사례입니다_(역자 주)

● **장점** 어느 한 방에 해당하는 단어나 그림을 잊어버려도, 다른 멈춤 지점에 영향을 끼치지 않는다. 계속해서 여행 경로를 탐색할 수 있다. 링크와 스토리를 이용한 방법에서는 단어 하나를 잊어버리면 오도 가도 못하게 된다.

● **단점** 여행 경로를 짜기 어렵다고 느끼는 사람들도 있을 수 있다. 하지만 자신이 안 보고도 눈에 훤한 공간을 설정해서 그저 약간의 창조성을 발휘하기만 하면 된다. 자주 가는 치과나 가장 좋아하는 식당으로 향하는 여행 경로를 만들 수도 있지 않겠는가?

로사이 시스템은 많은 경우 링크 및 스토리 시스템보다 더욱 현명한 대안이 될 수 있다.

4. 링크가 있는 로사이 시스템

여러 가지 세부 항목이 있는 목록처럼, 복잡한 구조를 외워야 할 때는 어떻게 해야 할까? 주요 목록에 로사이 시스템을 사용한 다음 각 멈춤 지점에 해당하는 그림을 링크의 출발선으로 삼을 수 있다.

연습하면 완벽해진다

시각화 시스템에도 일상의 모든 곳에 적용되는 규칙을 적용할 수 있다는 사실을 기억하라. 연습을 하면 더욱 완벽해진다. 나는 실제로 수많은 연습을 통해 능숙해지기 전까지는 일반적인 주입식 암기보다 시각화 시스템을 사용하는 데 오히려 더 많은 시간이 걸린다고 불평하는 사람들을 많이 접했다. 하지만 제대로 사용하기만 하면 로사이 시스템이야말로 가장 강력한 기억술이다.

시각화 시스템 – 간단 요약

목록이나 단어 집단을 외우려면:

> 일련의 그림을 구상한다(링크 시스템): 목록에 있는 단어마다 하나의 그림을 떠올린 다음 그림 1과 2를 함께 시각화하고 2와 3을 함께 시각화한 다음, 3과 4를 함께 시각화하는 과정을 반복한다.

> 각 행동에 그림이 포함된 이야기를 구상한다.

> (예를 들면 집과 같이) 자신이 잘 아는 장소를 통과하는 시각적인 여행 경로(메모)를 고안한 다음, 외워야 할 단어를 형상화하는 각 멈춤 지점(예를 들면 각 방)에 해당하는 그림을 떠올린다.

요점 사항 | 1

> 시간은 희박한 자원이다. 현명하게 사용하라. 공부를 우선시하고 일상 속의 자투리 시간을 활용하여 일을 처리하라.

> 성적을 계산하는 방식과 목표를 달성하기 위해 필요한 사항을 파악하라.

> 일반적인 학습 원리인 이해, 집중, 관심사, 연상 작용, 시각화, 개요와 논리, 암송, 반복을 적극적으로 활용하라.

> 자신이 공부해야겠다는 생각이 들 때 공부하라. 방해나 간섭을 받지 않고 공부할 수 있도록 하라. 공부 시간의 길이나 휴식 시간의 횟수에 관한 규칙은 잊어라. 할 수 있는 한 오래 앉아 공부하고 필요할 때 휴식을 취해라.

> 강의를 최대한 활용하기 위해 강의에 적극적으로 참여하고 질문하라. 앞자리에 앉아 화이트보드를 잘 보고 방해받지 않도록 한다.

> 그룹이 유지되는 한 최대한 오래 다른 사람들과 함께 공부하라. 사전에 얼마나 많은 분량을 다룰 수 있고 얼마나 오랜 시간 동안 함께 공부할지 미리 합의하라. 2명에서 6명까지의 그룹이 이상적이다.

> 이해하고 기억하기 위해 읽어라. 내용을 전부 다 읽을 필요는 없다. 독서법에서 중요한 것은 얼마나 빨리 읽는가가 아니고, 얼마나 많이 이해하는가다.

> 읽기에 학습 원리를 적용하기 위해 'SQ3R: 조사하기, 질문하기, 읽기, 암송하기, 검토하기(Survey, Question, Read, Recite and Review') 독서 전략을 사용하라.

> 읽기 속도를 높이기 위해 두 개에서 네 개의 단어를 한 번에 집중해 읽고, 보조 도구로 손가락을 사용하며, 눈이 손가락을 한 줄씩 따라가게 해 글을 일정한 속도로 읽도록 한다. 이 방법에 익숙해지도록 충분히 연습하라.

> 차후에 실제로 사용할 가능성이 있을 때만 필기하라. 절대적으로 필요하지 않는 한, 강의를 들으면서는 필기하지 마라. 강의 진도를 따라가기 어려울 수 있다.

> 필기를 할 때 개요와 논리라는 학습 원리를 사용하라. 분류 체계, 총알 목록, 글 주변의 상자를 사용하라. 밑줄과 배경색, 기호, 특히 여러 가지 색상을 사용하라.

> 필기할 때 신중하게 선택하라. 자신만의 표현으로 간결하게 필기하라.

> 글에 강조 표시를 할 때는 모든 곳에 강조 표시를 하지 마라. 경험상 20퍼센트가 가장 좋다. 신중하게 선택하라. 잠시 읽기를 멈추고 가장 중요한 것이 무엇인지 스스로에게 질문하라. 한 가지 색상을 사용하거나 색상 시스템을 사용하라.

> 암기가 필요할 때는 패턴과 연상 관계에 초점을 맞추어야 한다. 규칙, 운율, 약어 혹은 특정한 문장을 만들 수 있는지의 여부를 살펴보아라.

> 눈앞에 있는 무언가를 상상하는 시각화는 우리가 사용할 수 있는 가장 강력한 암기 기법이다. 강력한 시각화에는 상호작용, 움직임, 열정이 포함되어 있다.

> 여러 가지 단어로 이루어진 목록을 암기하려면 (집과 같이) 자신이 잘 아는 장소에 시각적인 여행 경로(메모)를 만들어 (각 방과 같은) 각 멈춤 지점마다 자신이 기억해야 할 단어를 상징하는 그림을 상상하라.

2

버클리에서도 써먹은 실력 발휘의 기술

최상의 실력을 발휘하는 것에 대하여

셀다 에키즈

selda ekiz

노르웨이 유명 TV프로그램 진행자

Photo © 나디아 프랜스턴(Nadio Fransten)

뛰어난 실력은 언제나 뛰어난 준비를 하는 데서부터 출발한다. 내가 시험을 준비하는 한 가지 방법은(내겐 언제나 효과가 있었던) 배운 내용을 직접 다른 사람에게 설명하는 것이었다. 이렇게 준비하다 보면 책에서 보고 강사에게 배운 표현이 아니라 나만의 방식으로 설명하는 데 더욱 시간을 투자하게 된다. 이 전략은 친구, 같이 수업을 듣는 동료들, 함께 일하는 사람에게 사용하기에 모두 유용하다!

나는 많은 사람들이 빨리 시작하는 것의 장점을 과소평가하고 있다고 생각한다. 나는 얼마 전부터 일에 '전력투구하는' 사람이 되었지만 마감에 닥쳐서야 공부를 시작하는 사람보다 천천히 꾸준하게 노력하는 사람이 결국에는 성공을 거둔다는 사실을 알게 되었다. 주입하기(시험 직전에만 '쏟아 붓고' 다시는 기억할 수 없게끔 머릿속에 수많은 정보를 집어넣는 것)는 그야말로 시간낭비일 뿐이다. 뿐만 아니라 나는 시험을 몇 주 앞두고 공부할 때마다 이런 생각을 하곤 했다. 왜 내가 진작 이 방법을 쓰지 않았던 걸까? 이토록 재미있는데 말이다.

셀다는 노르웨이 방송 협회(NRK)의 〈뉴턴〉이라는 프로그램의 진행자이자 스탠딩 코미디언으로 유명하다. 셀다는 2013년에 글루텐 최고 프로그램 진행자 상을 받았다. 베르겐 대학에서 물리학 박사 학위를 취득했다.

준비의 요령

시험 준비

어떤 상황에 처해 있더라도, 시험을 앞둔 기간 동안 점수를 높일 수 있는 만회의 기회는 언제든지 있다. 성공의 열쇠는 전적으로 공부 기간을 현명하게 사용하는 방법에 달려 있다.

노력을 최대화하는 데 필요한 시간

앞서 살펴보았듯이 시간이 흘러감에 따라 기억은 점차 사라진다. 한번 생각해 보라. 내가 만약 어제 뭘 했느냐고 물어보면 당신은 틀림없이 언제 일어났는지에서부터 저녁으로 뭘 먹었는지까지 상세히 답할 수 있을 것이다. 하지만 한 달 전에 한 일을 정확히 기억할 수 있는가? 아마 전혀 기억이 나지 않을 것이다. 우리는 어떤 일이 일어난 후 경과 기간이 짧을수록 더 많이 기억할 수 있다. 책의 어떤 장을 어제 읽었다면 한 달 전에 같은 장을 읽은 사람보다 더 많은 내용을 기억할 것이다. 따라서 시험에서 최상의 실력을 발휘하려면 시험 직전의 시간을 어떻게 활용하는가가 매우 중요하다. 따라서 시험이 임박한 기간 동안은 일정을 바꾸어서라도 최대한 공부할 수 있는 시간을 많이 확보하라. 가능하다면 근무를 바꾸거나 다른 해야 할 일

을 최소화하도록 노력하라. 오랜 시간 자리에 앉아 효율적으로 공부하라. 학기 내내 게으름을 피우다가 시험 직전이 되어서야 본격적으로 맹렬하게 공부에 파고들라는 말이 아니다. 이와 같이 극단적인 선택은 처음에는 효과가 있을지 모르지만, 길게 보면 위험한 전략이다. 내가 강조하고 싶은 점은 시험 날짜에 가까운 시간은 공부 효율이 최고로 올라간다는 것이다. 시험 직전에 공부한 내용은 더 잘 기억할 수 있기 때문이다. 그러므로 시험 날짜가 가까이 다가올 때는 본격적인 노력을 최대한 하는 것이 좋다.

과제 해결과 요약문 작성

책의 앞부분에서는 독서 기법이나 로사이 시스템과 같이, 주로 학습효과와 기억력을 높일 수 있는 방법을 살펴보았다. 좋은 성적을 얻으려면 상당 부분 기억에 의존해야 하기 때문에 이와 같은 방법은 중요하다. 하지만 학습 효과와 기억을 높이기 위한 공부법을 사용한다고 해서 시험이나 검사에 필요한 만큼 명확하고 효율적으로 실력을 발휘하게 되지는 않는다. 시험이나 검사에 필요한 지식을 훈련하려면 과제를 해결하고 기출 문제를 읽거나 요약문을 작성하는 등의 새로운 기술이 필요하다.

> 기출 문제를 연습하라

시험을 볼 때는 단지 반복하는 것뿐만이 아니라 새로운 문제에 기존의 지식을 적용하는 것이 중요할 때가 많다. 따라서 효율적으로 준비하려면 기존 시험에 나온 전형적인 문제를 연습하는 데 초점을 맞추어야 한다. 여기에는 또 다른 장점이 있다. 기출 문제를 통해 우리가 무엇을 알아야 하고 시험이 어떤 형태로 구성되며, 지금 알고 있는 지식이 어느 정도 수준에 도달했는지 잘 알 수 있기 때문이다. 기존 시험 문제는 대개 학교 인트라넷이나 교내 서점에서 구할 수 있다.

> 요약문을 작성하라

요약문을 잘 쓰려면 시험에 자주 출제될 만한 주요 사건, 핵심 용어, 기본적인 사실에서 출발해야 한다. 건물을 아래서부터 지어 가듯이 요약문을 차곡차곡 쌓아올려라. 이런 시험은 쓰기와 발표를 연습하게 한다. 예전에 자신만의 표현을 사용해 무언가를 글로 적어 본 경험이 있다면 시험에서 이 경험을 되살리기가 한결 수월해질 것이다.

나 같은 경우는 이 방법으로 시험을 준비하며 믿기 어려울 만큼 큰 효과를 보았다. 내 기억은 손가락과 단단하게 연결되어 있기 때문이다. 예전에 답안을 작성해 본 경험이 있는 문제는 다음 시험에서 기억해 쓰기가 훨씬 수월했다. 나는 이 전략을 미국의 버클리에서 세계화를 주제로 삼았던 한 시험에서 완벽하게 활용한 적이 있다. 우리는 사전에 여섯 개의 에세이 질문을 받았고 그 가운데 두 개가 출제된다는 말을 들었다. 내가 해야 할 연습은 각 에세이 질문에 대한 여섯 개의 모범 답안을 작성하고 같은 행위를 여러 번 반복하는 것이 전부였다. 이 '손가락을 활용한 기억' 은 내게 무척 유용했다. 나는 결국 채점 등급에서 가장 높은 점수를 받았다.

너 자신을 알라

소크라테스는 "너 자신을 알라"고 말하곤 했다. 최상의 실력을 발휘하려면 자신의 약점을 잘 알고 이 약점을 공략해야 한다. 우리에게는 다른 사람보다 발전 가능성이 더 큰 특정 영역이 있다. 자신의 약점을 파악하고 개선한다면 더 나은 실력을 발휘할 것이다.

예를 들면 나는 늘 시험과 과제를 제 시간에 끝내야 한다는 문제로 어려움을 겪곤 했다. 그래서 시험 시간이 끝나갈 때마다 끔찍한 감정에 시달리며 앉아 있던 때가 한두 번이 아니었다. 나 자신이 만족할 만큼 질문에 답변할 시간이 부족했기 때문이었다. 심지어 가끔은 시간이 너무 촉박해서 도입 부분조차 제대로 작성하지 못한 적도 있었다. 안타깝게도 내가 해결해야 할 커다란 약점이 이것임을 깨닫기까지 오랜 시간이 걸렸다. 하지만 결국 문제점이 무엇인지 알게 된 나는 시험 공부 방식을 바꾸어 놀라운 성과를 거두었다. 기존 시험 문제를 풀어 보기만 하는 대신, 시간 제한을 정하고 과제를 끝마치는 연습을 하기 시작한 것이다. 나는 오래된 시험 문제 복사본을 펼쳐 두고 앉아 시험에서 실제로 사용할 수 있는 시간 동안만 문제를 풀었다. 그저 문제를 풀어 보는 연습만을 한 게 아니라, 시험 상황 자체를 연습한 것이다. 이 같은 연습을 거친 후 나는 시험 시간을 관리하는 능력이 훨씬 높아졌고, 자연히 점수도 올라갔다.

여기서 핵심은 이처럼 단순한 전략을 동원하여 해결할 수 있는 자신의 취약 영역을 파악하는 것이다. 약점을 공략함으로써 더욱 현명하게 공부할 수 있고, 시간도 더욱 효율적으로 사용할 수 있다.

최고의 선생에게 배워라

실력을 높이기 위해 다른 사람으로부터의 영감이 필요할 때도 있다. 다른 사람에게 영감을 받을 수 있는, 새롭고 더 좋은 방법을 소개하겠다. 이 방법은 특히 필기시험, 과제, 숙제와 더욱 관련이 있다. 자신의 실력을 뛰어넘는 수준을 경험하지 못한다면 자신의 방법에만 갇혀 더 좋은 결과를 거두게 만드는 새로운 아이디어를 놓칠 위험이 있다. 최상위 등급에 속하는 동료들이 이 부분에서 큰 도움이 될 것이다. 이런 친구들의 시험지 혹은 과제를 확보하라. 모범 답안 역시 또 다른 훌륭한 자산이 될 것이다. 모범 답안은 대체로 대단히 정확해서 강사가 모두를 위해 '모범' 혹은 '예시'로 사용할 만하다고 평가하는 답을 말한다. 학생들은 가끔 기존 시험에 대한 모범 답안을 받는다. 모범 답안이 제공되지 않는다면, 참고할 만한 모범 답안이 없는지 강사나 교사에게 직접적으로 물어보는 것도 좋다.

다른 학생들의 답을 참고할 때는 답안의 주요한 특성을 파악하고 표시를 해 두기 바란다. 이미 직접 작성한 답안이 있는 경우에는 자신보다 더 뛰어난 학생들의 답과 자신의 답을 비교해 보아야 한다. 스스로에게 '나에게도 같은 정보가 있었는가? 나는 어떤 점을 발전시켜야 하는가?'와 같은 질문을 던져라.

미리 계획을 짜라

> 전반적인 계획

시험 준비 기간 동안 중요한 모든 사항을 반드시 검토하려면 전반적인 계획을 미리 세우는 편이 현명하다. 그런 다음 자신이 사용할 수 있는 시간이 얼마나 되는지 알아보고, 서로 다른 과목들 사이에서 시간의 우선순위를 선택하는 기준을 정한다.

전반적인 계획은 아마 다음과 같은 형태를 취할 것이다.

달	주	월	화	수	목	금	토	일
5월	19	9	10 재정학 읽기	11	12	13 통계학 읽기	14	15
5월	20	16	17 자유 시간	18 통계학 시험	19 통계학 시험	20 재정학 시험	21	22
5월	21	23	24 재정학 시험	25 스페인어 읽기	26	27	28 스페인어 시험	29
6월	22	30 스페인어 시험	31 심리학 읽기	1	2	3	4 과제	5 심리학 시험
6월	23	6	7	8	9	10	11	12
6월	24	13	14	15	16	17	18	19

> 세부적인 계획

시험 전에 얼마나 많은 날짜와 시간이 있는지 확인한 다음에는 각 과목당 더욱 세부적인 계획을 세워 활용 가능한 시간 동안 반드시 모든 내용을 훑어볼 수 있게 해야 한다. 시간이 부족한 경우에는 반드시 우선순위를 정해야 한다. 세부적인 계획은 전체적인 윤곽을 볼 수 있게 하고, 공부하는 시간 동안 초점을 유지할 수 있게 도와줄 것이다.

세부적인 계획의 예시를 소개하도록 하겠다.

일	주	무엇을 공부할 것인가
1	화	1 - 3장
2	수	4 -5장
3	목	6 -8장
4	금	9 -12장
5	토	반복 정리
6	일	기출 문제
7	월	반복 / 기출 문제
8	화	시험

시험을 위해 실제로 공부하는 동안 미리 세운 계획보다 더 많거나 적은 시간이 걸리는 개별 항목이 있다는 사실을 알 수도 있다. 특정 영역에 더 많은 비중을 두어야 한다는 사실을 알게 될지도 모른다. 이런 경우에는 계획을 새로 조정하면 된다.

시험 준비 – 간단 요약

> 우리는 학기 초반보다 시험 보기 직전에 공부한 정보를 더 많이 기억한다. 따라서 시험을 앞둔 기간에 더 오래 효율적으로 공부하는 시간을 마련해야 한다.

> 시험 전에 미리 결과에 대해 생각해 보아라. 요약문을 작성하거나 기출 문제를 풀어 보아라.

> 너 자신을 알라. 시험이나 검사에 임하기 전에, 취약한 부분을 파악하여 이를 보완하라.

> 시험 기간 동안 공부 계획을 짜서 시간을 현명하게 쓸 수 있게 하라.

시험 전야

시험이나 검사를 준비할 때는 다음에 소개하는 간단한 조취를 통해 만반의 준비를 갖춘 상태에서 최상의 실력을 발휘하는 것이 가장 중요하다.

시험 전날 밤

전날 밤 시험에 필요한 모든 물건을 빠짐없이 준비해 둔다. 그러면 막판에 서두르는 일을 피해 계산기 같은 보조 도구를 빠뜨리거나 시험 볼 장소의 위치를 잊어버릴 위험을 줄일 수 있다. 모든 수단을 다 동원하여 시험 전날 너무 늦게 잠들지 않도록 하라. 여러 개의 알람시계를 맞춰 두거나 필요한 경우에는 친구들이나 부모님께 전화해 달라고 부탁한다. 어디서 시험을 보는지 정확히 파악하고 그곳까지 어떻게 갈 것인지 미리 정해 두어라. 버스가 늦게 오거나 길이 막힐 때의 상황을 감안하여 충분한 시간을 두고 출발하라.

옷차림

최상의 실력을 발휘하는 데 도움을 주는 옷차림을 선택하라. 편안함을 주며 자신감을 느낄 수 있게 하는 옷을 입는 편이 좋다.

편안함 | 반드시 편안한 옷차림을 하고, 춥거나 땀을 흘리지 않게 해

야 한다. 춥거나 더우면 시험 보는 데 필요한 에너지와 집중력에 지장을 주기 때문이다. 방의 온도에 따라 입었다가 벗을 수 있는, 지퍼 달린 후드 티가 유용할 것이다.

외모 | 자신이 입은 옷을 남들이 어떻게 생각할지에 너무 신경이 쓰인다면(우리 대부분이 그렇다) 성공 혹은 다른 긍정적인 느낌과 연결시킬 수 있는, 자신감 있고 매력적으로 보이게 하는 옷차림을 선택하는 것이 현명하다. 이런 옷차림은 정신세계에도 긍정적인 영향을 끼친다. 턱시도나 무도회 복장을 입으라고 말하는 것이 아니다. 상황에 잘 어울리고 기분이 좋아지게 하는 옷을 입으라고 말하는 것이다.

음식과 음료

위장의 불편으로 에너지나 집중력에 방해 받는 일이 없도록 하라. 배가 고프거나 목이 마른 채로 시험을 보러 가면 신체에서 끊임없이 불만족스럽다는 신호를 보내 올 것이다. 따라서 시험을 보기 전에 충분한 시간을 두고 잘 먹도록 하라. 시험 시간이 긴 경우에는 충분한 음식과 음료를 챙겨라. 우리가 기억해야 할 또 다른 충고는 시험 전과 시험을 보는 동안에는 몸에 익숙한 음식을 먹어야 한다는 것이다. 시험 시간이 길 경우에는 더욱 그렇다. 그래서 시험을 보는 동안 위장이 불편해지는 일이 없게 해야 한다.

수면

수면은 일반적으로 볼 때 상당히 중요하다. 충분한 수면으로 마음이 편안해지면 두뇌 회전이 빨라지고 집중도 더 잘 된다. 하지만 가끔은 중요한 시험을 앞두고 잠들기 힘들 때도 있다. 그럴 때는 잠을 푹 자지 않고도 실제로 충분히 실력 발휘를 할 수 있음을 상기하는 쪽이 안심이 될 것이다. 몸이 피곤해도 우리에게는 시험을 잘 마무리해 좋은 성적을 거두기에 충분한 힘이 잠재되어 있다. 충분히 잠을 자지 못했다는 이유로 굳이 스트레스를 받을 필요는 없다. 당신은 그동안 적어도 얼마간의 휴식은 취했을 것이고, 일정한 양의 휴식만으로도 충분히 해낼 수 있다.

하지만 그동안 제대로 준비하지 않아서 시험 직전에 만회하기 위해 모든 순간이 중요하다고 느껴질 때는 어떻게 해야 할까? 물론 이와 같은 문제를 피하기 위해 최대한 빨리 공부를 시작하는 것이 최선이기는 하다. 하지만 그렇게 할 수 없는 경우에는 다음 정보의 도움을 받을 수 있다.

숙면이 중요한 경우	숙면이 중요치 않은 경우
◆ 시험 시간이 길거나(두 시간 이상)	◆ 시험 시간이 짧거나(두 시간 이하)
◆ 전날 밤 잠을 설쳤거나	◆ 전날 밤 잘 잤거나
◆ 수학 과목과 같이 이해와 문제 풀기를 특징으로 하는 시험일 경우에는 시험 전날 밤 잠을 충분히 자는 게 중요하다.	◆ 역사 시험과 같이 사실을 반복하는 시험일 경우에는 시험 전날 잠을 충분히 자는 게 그리 중요하지 않다.

시험을 앞둔 기간에는 밤에 반드시 잠을 푹 자는 것이 중요하다. 시험 전날 밤 숙면을 취하는 문제는 시험 수준과 길이에 따라 그날 결정하도록 한다.

시험 전야 – 간단 요약

> 전날 밤 필요한 사항을 모두 점검하고 준비한다.

> 편안하면서도 기분 좋게 느껴지는 옷차림을 선택한다.

> 굶주림과 갈증은 시험과 검사의 불필요한 적이다. 시험 전, 가능하다면 시험 중간에도 알맞게 먹고 마시도록 한다.

> 시험이나 검사 전날 밤 잠을 설칠 경우를 대비해 반드시 시험을 앞둔 며칠 동안은 충분히 잘 수 있도록 한다.

필기시험 : 리포트의 달인

필기시험 및 검사

시험을 앞두고 중요한 것은 시간만이 아니다. 다음과 같이 간단하지만 강력한 기술을 알아 두면 검사와 필기시험에서 성공할 가능성을 최대한 높일 수 있다.

시험을 시작하기 전에

최종 점검 | 모든 준비물을 챙겼는지 확인하는 최종 점검을 한다. 시험장에 미처 빠뜨린 것이 있다면 교사나 시험 감독에게 필요한 준비물을 빌릴 수도 있다.

음식과 음료 | 특히 시험 시간이 긴 경우, 반드시 알맞게 음식과 음료를 섭취하도록 한다.

위치 선정 | 시험 장소에 충분한 시간을 두고 도착하여 최적의 장소를 선택한다. 넓은 작업 공간(커다란 책상)이 있고, 사람들이 드나드는 문과 같은 방해 요소가 거의 없는 곳이 시험 보기 좋은 장소이다. 쉽게 추위를 타는 사람은 난방기 근처에 앉는 편이 좋다. 불쾌한 공기가 유난히 신경에 거슬리는 사람은 유리창 근처에 앉는 편이 나을 것이다.

태도 | 마지막으로 긍정적인 태도를 취하는 것을 잊지 마라. 머릿속으로 스스로에게 '난 잘할 수 있어'라는 말을 반복해서 들려 주어라. 가장 적합한 시각화 기법이나 긍정적인 단어를 사용하고, 실력 발휘에 방해가 되는 초조함과 불안을 제거하라(올바르게 사고하는 법에 대해서는 3부에서 설명할 것이다).

주어진 모든 시간을 활용하라

무척 빠른 속도로 스키를 타기 때문에 늘 선두에 서는 활강 선수가 골인 지점을 앞둔 마지막 구간에서 속도를 늦추려 할까? 단연코 그렇지 않을 것이다. 운동선수들은 경기 시간 내내 최선을 다하는 데 능숙하다. 학생들은 바로 이 점을 배워야 한다. 시험과 검사를 볼 때 실제로 모든 시간을 사용하는 학생들은 그리 많지 않다. 학생들은 대부분 필요한 절차를 끝마쳤다고 생각하면 자리를 뜬다. 하지만 이는 좋은 자세가 아니다. 실제로 시험을 보는 동안의 마지막 1분에서 2분으로 성적에서 두 등급 사이의 차이가 생기기도 한다.

시험을 일찍 끝낸 경우 | 아주 훌륭하다! 이제 남은 시간을 확인하는 데 투자하라. 문제를 다시 읽어라. 질문을 제대로 이해했는가? 질문에 알맞은 답변을 적었는가? 자신이 쓴 답을 점검하라. 쓴 내용을 다시 한 번 훑어보아라. 만약 실수를 발견한다면, 이 최종 점검이 점수를 올리는 데 큰 도움이 될 수도 있다.

PCWC: 모든 시험에 대처하는 4단계 공략법

사실상 모든 필기시험 및 검사에 쓸 수 있는 네 단계 공략 계획을 소개하도록 하겠다. 이 계획은 PCWC(계획하기 plan, 명시하기 clarify, 쓰기 write, 통제하기 control)라고 한다.

> 계획하기

시험과 검사에 임할 때는 으레 시간이 부족하게 마련이다. 그러므로 공략 계획을 세워 시간을 효율적으로 사용해야 한다. 실제로 시계를 보면서 문제를 풀지 않으면 시간이 순식간에 흘러 모든 질문에 답할 시간이 부족할 수도 있다. 어떤 문제에는 너무 많은 시간을 투자하고 다른 문제에는 거의 시간을 투자하지 못하는 것처럼, 시간 관리에 실패하게 될 위험도 있다. 이와 같은 사태를 방지하려면 현명한 계획을 세워야 한다. 우선 시험을 보는 동안 얼마나 많은 질문에 답해야 하고, 얼마나 많은 시간을 쓸 수 있는지 계산하는 데서 출발하라. 그런 다음 시간당 10분을 제하여 나온 시간을 질문의 수로 나눈다. 예를 들어 세 시간 동안 다섯 가지 문제를 풀어야 하는 경우에는 30분을 제한 다음 남아 있는 2시간 30분을 문제의 수인 5로 나눈다. 이 계산에 따르면 문제당 30분을 쓸 수 있다. 스물다섯 가지 문제를 풀어야 하는 경우에는 각 문제당 6분이 주어지는 셈이다. 문제당 사용할 수 있는 시간을 파악하면 시험 전체를 성공리에 마무리하기 위해 어떻게 시간을 분배해야 할지 잘 알게 될 것이다.

그런데 왜 시간당 10분을 제해야 할까? 이 시간은 안전장치이자 조정 시간이다. 계획한 시간을 넘긴 경우에는 무언가 기댈 대상이 필요하다. 혹시라도 시간이 남을 때는 반드시 답안을 검토하는 데 써야 한다. 또한 질문의 비중이 다를 때는, 예를 들어 각각 50, 30 그리고 20퍼센트의 비중을 차지하는 세 개의 질문을 접했을 때는 비중에 따라 시간을 분배해야 한다.

간단한 문제에서 어려운 문제 순서대로 진행한다. 각 질문이 서로 다른 질문을 토대로 삼고 있거나 정확하게 순서대로 풀라는 지시가 없는 한, 문제가 출제된 순서대로 풀지 마라. 가장 간단한 질문에서 출발하고, 가장 어려운 문제는 제일 마지막으로 남겨 두어라. 이 전략에는 몇 가지 장점이 있다. 가장 쉬운 문제부터 풀기 시작하면,

두뇌가 시험 모드에 자연스럽게 적응이 되어 순조롭게 문제를 풀 수 있다. 어려운 문제부터 풀기 시작하면, 어려운 문제에 너무 많은 시간을 빼앗겨 가장 쉬운 질문에 답할 시간마저 없게 될지 모른다. 뿐만 아니라 풀어야 할 문제가 남아 있다는 사실을 알면 어려운 질문 때문에 지나치게 스트레스를 받게 될 수 있다. 마지막 순간까지 가장 어려운 질문을 남겨 두고 다른 모든 질문에 답을 했다는 사실을 알면, 어려운 문제를 풀 때도 한결 부담감이 줄어들 것이다.

> 명시하기

반드시 모든 지시 사항을 철저히 지킬 수 있도록 주의 깊게 읽어라. 문제를 풀기 전에 질문을 꼼꼼히 읽는 것이 중요하다. 질문을 여러 번 읽어 질문에서 요구하는 바가 무엇인지 완벽히 이해한다. 시험을 볼 때는 너무 긴장해서 문제를 제대로 이해할 수 있는 시간을 충분히 확보하지 못한다는 함정에 빠질 수 있다. 아무리 뛰어난 답변을 적더라도 요구하는 주제에서 벗어난다면 점수를 잃게 된다.

질문이 길고 복잡할 때는 반드시 각 세부 요소를 명확하게 이해한 다음 전체 질문에 답해야 한다. 질문이 자세하지 않거나 잘 이해할 수 없을 때는 교사에게 명확하게 설명해 달라고 요청해야 한다. 나는 언젠가 사물의 횡단면과 관련이 있는 수학 문제를 접한 적이 있다. 당시 나는 횡단면이 무엇인지 알지도 못했다! 괜히 추측하고 내 추측이 맞나 궁금해하느라 에너지를 낭비하는 대신, 나는 질문을 하고 설명을 들었다. 구체적이고 명확한 설명을 들을 수 있는데도 괜히 문제를 잘못 해석할 위험을 무릅쓰지 마라. 하지만 가끔은 이 전략이 통하지 않을 때도 있다. 그럴 때는 질문을 자신의 방식대로 최대한 잘 해석한 다음 답을 적기 시작해야 한다. 질문이 명확하지 않다는 점을 증명하고 질문을 어떻게 해석했는지 설명한 다음, 자신이 선택한 해석과 관련해 실제로 이해한 바를 적는다.

인구통계학에 대한 시험에 다음과 같은 질문이 나왔다고 해 보자. “예상 수명이 해를 거듭할수록 높아지고 있다. 우리 세대는 얼마나 오래 살게 될 것인가?” 그런데 이 질문에서 말하는 ‘우리 세대’가 무슨 뜻인지 정확히 알 수가 없다. 시험관이 의도한 우리 세대라는 표현은 우리가 거주하는 원더랜드에 사는 사람들을 말하는 것일까? 아니면 전 지구상에 사는 모든 사람들을 말하는 것일까? 답변은 우리 세대가 뜻하는 바가 무엇인지에 따라 달라질 것이다. 강의에서 강사는 주로 원더랜드의 예상 수명 증가에 대해 많이 설명했지만, 개발도상국의 기대 수명에 대해서도 조금 이야기했다. 개발도상국의 기대 수명은 원더랜드의 기대수명보다 훨씬 더 낮다. 이 점을 언급하지 않은 해석을 선택할 경우 이 질문에 대한 답을 제대로 적지 못할 것이다. 원더랜드를 제외한 공간에 사는 사람들의 기대 수명에 대해서는 전혀 알지 못하거나 이해하지 못한 것처럼 보일 수 있기 때문이다. 하지만 “나는 질문의 ‘우리 세대’ 라는 말을 원더랜드에 있는 우리 세대에 한정된 것으로 해석하겠다.”라고 서두에서 분명히 밝힌다면, 질문이 정확하지 않았음을 지적한 동시에 가정이나 논리가 탄탄한 답으로 시험관을 만족시킬 수 있다.

> 쓰기

답안을 작성할 때는 나중에 읽을 사람이 최대한 알아보기 쉽게 작성해야 한다. 논리적인 순서에 따라 작성하라. 전체적인 윤곽과 커다란 아이디어를 제시하는 데서 출발해 점차 세부적인 사항을 파고들어라. 몇 가지 세부 질문으로 연결되어 있는 질문에는 순서에 따라 질문에 답하라. 그러면 시험관이 답안을 읽기 한결 수월해진다. 예를 들어 "인지심리학이란 무엇인가? 인지심리학 분야를 개발하는 데 핵심적인 역할을 한 사람들의 예를 들어 보아라. 마지막으로 인지 부조화가 무엇인지 설명하라"는 질문이 있다고 해 보자. 이 질문은 세 가지 부분으로 이루어져 있으며, 반드시 세부 질문의 순서에 따라 답변해야 한다.

기초적인 사항에 대해 쓰는 것을 두려워 말라. 여기서 핵심은 교사가 모르는 걸 적는 게 아니라 자신이 수업 시간 동안 배운 내용을 설명하는 것이다. 답안에 핵심적인 아이디어와 사실을 포함시켜라. 너무 많이 적어서 실패하기보다 내용을 빠뜨려서 실패하기가 더 쉽다. 이 점은 우리에게 또 다른 핵심적인 사항을 일깨워 준다. 단순히 긴 답안을 작성하기 위해 길게 쓰지는 말아야 한다는 점이다. 간단한 원리를 설명하기 위해 무의미한 문장이나 다섯 개의 대동소이한 사례를 적는 건 바보 같은 행동이다. 이런 답안지는 시험관을 짜증나게 한다. 하지만 핵심 주제를 벗어나지 않으면서 관련 자료를 설명하는 한, 너무 적게 쓰기보다는 길게 쓰는 게 더 좋다. 가끔은 시험관이나 교사가 답안을 구하는 데 필요한 기본 요소의 목록을 제시했을 수도 있다. 답안을 길게 작성한 경우에는 이 목록에 포함된 항목들을 충실히 적을 가능성이 더욱 높다. 뿐만 아니라 전체적인 윤곽을 분명히 파악하고 이해했다는 사실을 보여 줄 수 있다. 하지만 주제와 관련이 없는 것은 적지 않도록 하라. '애매한 범위'에 해당하는 내용을 적고 있다는 생각이 들 때는 자신이 적고 있는 정보와 문제와의 관계를 입증하고, 왜 서로 관련이 있는지 설명해야 한다.

최대한 성의를 기울여 답안을 작성하라. 짧고 간단한 문장은 너무 길고 장황해 읽는 사람이 중간에 초점을 잃게 만드는 문장보다 훨씬 강력하다. 예를 들어 "브라질은 다른 나라에 비해 상대적으로 면적이 넓을 뿐 아니라 풍부한 생물학적 다양성이라고 말할 수 있는 것을 포함하고 있다."라고 하기보다 "브라질은 생물학적 다양성이 풍부한 넓은 국가다."라고 답하는 쪽이 훨씬 낫다.

더불어 자신이 작성한 답안이 읽을 만한가 하는 점에도 주의해야 한다. 스스로도 이해하기 어려운 답안으로 점수를 따기는 불가능하다. 유려한 문체로 쓸 필요까지는 없지만 내용에 방해를 주는 문체를 사용해서는 안 된다. 긴 글을 써야 할 때는 체계적으로 작성하는 것이 중요하다. 글을 항목별로 나누고 도입부와 결론을 넣어라. 가능하다면 첫 문장에서 항목이 어떤 내용으로 이루어지는지 설명하도록 하라. 일반적으로 좋은 글을 쓰는 데 흔히 통용되는 전략이다.

글을 쓰는 동안 시계를 계속 살펴보는 것 역시 중요하다. 한 문제에 대해 너무 완벽하게 답하려다가 시간 계획을 지나치게 초과하지 않도록 하라. 대부분의 교사들은 세 개의 훌륭한 답변을 작성하고 마지막 두 항목에는 전혀 답하지 않은 학생보다 다섯 개의 답변 모두에 그럭저럭 답변한 학생에게 더 좋은 점수를 준다.

> 통제하기

시간 계획을 세워 잘 지켰다면 시험이 끝날 즈음에 시간이 남을 것이다. 이 시간을 답안을 훑어보는 데 써라. 실제로 질문에서 물어보는 사항에 정확하게 답했는지 반드시 확인하라. 이 과정에서 오해의 소지가 있는 대목을 모두 수정하고 미처 깜빡한 주요 사항을 추가한다. 답안을 작성하다 보면 여기저기서 함정에 빠지기 쉽다. 이 최종 점검을 통해 눈에 띄는 실수로 말미암아 나쁜 점수를 받거나 실제로 알고 있는 내용을 미처 빠뜨리는 우를 피할 수 있다. 가능하다면 더 나은 답변을 새로 작성하며 시간을 쓸 수도 있다. 실수한 점을 발견하고 고친다면 검토 과정을 통해 두 등급 이상의 차이를 만들 수도 있다.

시간이 부족할 때의 극약 처방

시간 계획을 제대로 지키지 못해 모든 문제에 답할 수 없는 상황에서는 남아 있는 시간을 마지막 질문에 대한 몇 가지 핵심 문장을 적는 데 사용해야 한다. 가장 중요한 정보를 알고 있다는 사실을 보여 주어라. 문장 전체를 쓸 시간이 없다면 핵심 용어를 적는 방식으로 답안을 작성하라. 시험을 채점하는 사람이 시간이 부족했지만 부족한 답변 속에서도 핵심을 짚으려 했다는 점을 감안해서 평가할 수도 있다. 교사나 시험관이 백지 답변에는 아무런 점수를 줄 수 없다는 것을 명심하라.

알고 있는 모든 것을 적어라

일단 천천히 생각해 보아라 | 질문에 대한 답을 알고 있지만 순간적으로 떠오르지 않는다면 주제 '주변에 있는 것들'을 생각해 볼 수 있다. 문제와 관련이 있는 다른 여러 가지 사항들을 떠올려 보아라. 어디서 이 정보를 접했는지 생각해 보아라. 그때 어디 앉았고 주변 환경은 어떠했는가? 필요한 지식과 연결 지어 생각할 수 있는 이런저런 사항들을 떠올리다 보면 답변을 찾아가는 길에 보다 쉽게 접근할 수 있다. 이 방법이 통하지 않는다면 시험 문제를 계속 풀다가 나중에 다시 해당 항목으로 되돌아와라. 무의식이 필요한 정보를 찾아내는 데 좀 더 시간을 필요로 할 때도 있다.

자신만의 사례를 활용하라 | 시험 문제를 풀 때 가장 중요한 점 중 하나는 내용을 충분히 이해했음을 증명하는 것이다. 이를 위한 한 가지 방법은 책에 나온 사례를 반복하기보다는 자신만의 사례를 만들어 내는 것이다. 이 전략을 사용하기 어렵다면 교재에 나와 있는 사례의 기본적인 요소만 바꾼, 거의 유사한 사례를 만들어 볼 수도 있다. 자신만의 사례를 적용함으로써 실제로 내용을 이해하고 있음을 증명할 수 있다.

필요 이상으로 추측하지 마라 | 예를 들어 '인지 부조화'를 설명해야 하

는데 레온 페스팅거가 이 개념을 도입한 때가 1957년인지 1958년 혹은 1959년인지 기억할 수 없다면 대신 '1950년대 후반'이라고 적어라. 정확한 연도 자체는 중요하지 않으며, 연도가 1957년인데 1959년이라고 추측하기보다 이런 문구를 적는 편이 시험관의 선처를 구하는 데 더욱 유리하다. 예를 들어 유럽 연합에 대해 적는데 회원국의 수가 기억나지 않는다면(당시에는 28개국이었다) '30개 회원국에 못 미치는'이라고 적기만 해도 많은 교사들에게 백점을 받을 수 있다.

가지고 있는 자료를 동원하라 | 가끔은 질문의 답을 허용되는 보조 도구에서 찾을 수도 있다. 언젠가 한 영어 시험에 "영연방이란 무엇인가?"라는 질문이 출제된 적이 있다. 답은 영어사전에서 찾을 수 있었고, 영어사전은 당시 허용되는 보조 도구였다. 한 질문의 답이 다른 질문을 묻는 글 속에 나온 적도 있다. 그러니 포기하기 전에 한 번 더 생각하라.

가벼운 속임수 | 질문의 답이 떠오르지 않는데 교사가 교실을 돌아다니고 있다면, 질문을 이해하지 못한 척하며 교사에게 설명해 달라고 할 수도 있다. 하지만 모든 교사가 질문을 더 자세히 설명하여 도움을 주지는 않을 것이다.

절대로 그 어떤 질문의 답도 빈칸으로 남겨 두지 마라 | 잘못 작성한 답안으로 점수가 깎이지 않는 한, 어떤 질문의 답도 빈칸으로 남겨 두어서는 안 된다. 가장 그럴 듯해 보이는 대체 답안을 작성하거나 선택하라. 이 전략으로 몇 점의 추가 점수를 얻게 될지 모른다.

수학 시험

수학 문제나 계산이 포함된 기타 문제에 답할 때는 반드시 문제를 풀면서 각 단계를 기록해야 한다. 답을 구하게 된 과정을 명확하게 증명하라. 이해했다는 사실을 증명할 수 있을 뿐 아니라, 잘못된 답을 구하게 되더라도 올바른 방법을 사용했다는 점에서 점수를 얻을 수 있다.

다항 선택 시험

다항 선택 시험은 여러 선택 가능한 답안에서 질문에 대한 답을 찾는 시험을 말한다. 이런 질문은 대체로 선택 가능한 답안이 없는 질문보다 더욱 답하기 쉽다. 정확한 답이 이미 눈 앞에 있기 때문이다.

다항 선택 시험에는 다음과 같은 기법이 유용하다.

선택 가능한 모든 답을 읽는다 | 첫 번째로 눈에 들어온 최선의 답을 바로 선택하고 싶을 수도 있겠지만 그렇게 해서는 안 된다. 선택 가능한 더 좋은 답을 놓칠 위험이 있다. 다시 생각해 봤을 때 첫 번째로 선택하고 싶은 답이 최선의 답이 아닌 경우도 있다.

어떤 답을 선택해야 할지 확실치 않을 때는 우선 계속 다음 문제를 풀도록 한다 | 선택 가능한 답변 중 어느 것도 마음에 들지 않거나 여러 개 중에 선뜻 선택하기 어려울 때는 질문 옆에 작은 십자 표시를 한 다음 우선 그냥 넘어간다. 다른 문제를 풀다 보면 기억에 자극을 받거

나, 선택 가능한 답안 사이에 있는 사소한 차이를 알아채는 데 도움 받을 수 있을지 모른다.

소거법을 사용한다 | 모든 문제를 다 풀었는데도 여전히 문제의 답을 찾을 수 없다면 우선 잘못된 답을 찾아낸 다음 남아 있는 가장 그럴듯한 답 중에서 추측해 본다.

짧고 모호한 답은 오답인 경우가 많다. "러시아는 전 세계에서 가장 큰 나라다."라는 문장은 "러시아는 면적으로 봤을 때 전 세계에서 가장 큰 나라다."라는 문장보다 더욱 짧고 더 모호하다. 왜 짧고, 모호하거나 부정확한 답이 틀린 경우가 많을까? 대체로 상황은 간단하게 설명되지 않는다. 인구상으로 봤을 때는 중국이 러시아보다 더 규모가 큰 나라다. 이제 왜 첫 번째로 선택 가능한 답이 두 번째로 선택 가능한 답안보다 더 나을 게 없는지 이해했는가? 첫 번째 답은 너무 애매모호하다.

오픈북 시험

교재나 노트를 사용할 수 있는 시험을 준비할 때는 반드시 노트 필기를 잘 해 두어야 한다. 공개 노트 혹은 오픈북 시험은 시험 기간 동안 모든 것을 훑어보고 읽을 수 있는 시간이 부족한 상황에서 사용된다. 따라서 이 과정에서 절약할 수 있는 모든 시간이 소중하다. 교재를 철저하고 꼼꼼하게 읽어 즉시 원하는 정보를 찾을 수 있게 하는 것이 중요하다. 주요한 대목이 나오는 쪽에 포스트잇으로 인덱싱을 해서 빨리 찾을 수 있게 하는 방법도 큰 도움이 될 것이다.

퀴즈

퀴즈의 어려운 점은 아무런 예고 없이 찾아온다는 데 있다. 따라서 이에 대비하려면 항상 성실하게 수업을 듣고 과제를 잘 하는 수밖에 없다. 퀴즈 점수를 더 잘 받는 방법 중 한 가지는 퀴즈가 있음을 알릴 때와 실제로 평가를 시작하는 때 사이의 짧은 시간을 활용하는 것이다. 나는 항상 이 1분에서 2분 남짓한 시간 사이에 이름, 연도, 다른 주요 정보를 확인하기 위해 빠르게 책이나 공책을 훑어보곤 했다. 퀴즈가 시작된 후 시간을 잘 사용하지 못했을 때보다 이 마지막 순간의 검토를 통해 더욱 정확한 답변을 적을 수 있었다.

필기시험 및 검사 - 간단 요약

> 시험 장소에 일찍 도착해 좋은 자리(큰 책상, 방해 요소가 적은 곳)를 확보한다.

> 너무 일찍 자리를 뜨지 말라. 추가 시간을 활용해 답안을 점검하고 수정하라.

> 필기시험 및 검사에는 PCWC를 적용한다. PCWC는 계획하기(plan : 문제당 몇 분을 쓸 수 있는지 파악하고 문제 푸는 동안 시간을 확인한다), 명시하기(clarify : 반드시 질문을 제대로 이해하도록 한다), 쓰기(write), 그리고 통제하기(control : 필수적인 사항을 잊지 않았는지 확인한다)를 말한다.

> 답안을 잘못 작성하여 점수가 깎이지 않은 한, 반드시 모든 질문에 답한다. 시간이 부족할 때는 빠르게 핵심 단어나 핵심 문장을 적어라.

> 다항 선택 시험을 볼 때는 반드시 선택 가능한 모든 답안을 읽는다. 답을 확실히 알 수 없는 경우에는 틀린 답부터 제거한 다음 가장 그럴 듯한 대체 답변을 선택한다. 짧은 답변은 주로 너무 모호하기 때문에 오답일 경우가 많다.

프로젝트 작업 및 과제

프로젝트 작업 및 과제는 시험과는 다르다. 시간의 압박과 암기의 필요성이 사라지기 때문이다. 하지만 다른 학생들에게도 이 점이 유리하게 작용하므로 좋은 점수를 받기가 더 어려워질 수도 있다. 순조롭게 좋은 점수를 받으려면 과제에 올바르게 접근하는 것이 중요하다.

나는 여기에도 앞 장에서 소개한 계획하기, 명시하기, 쓰기, 통제하기로 이루어진 PCWC 방법을 사용하기를 추천한다.

계획하기 | 얼마나 많이 준비해야 하는가? 언제 무슨 일을 해야 하는가? 전반적인 개요를 작성한 다음 이 정보를 바탕으로 마감일까지의 계획을 세운다.

명시하기 | 과제를 올바르게 이해했는가? 과제 지시문에 있는 모든 한계와 사소한 의미를 명확하게 파악한다.

작성하기 | 필요한 정보를 확보하여 작성한다.

통제하기 | 과제를 점검한다. 제출하기 전에 다른 사람에게 과제를 훑어보게 하는 것 역시 현명한 방법이다. 스스로 직접 작성한 내용을 읽을 때는 대개 모든 것이 좋아 보이게 마련이다. 두뇌를 재조정하여 자신의 글을 비판적으로 읽고 실수를 알아채기란 어려운 일이다. 제 3자의 눈으로 보면 이 과정이 훨씬 간단해진다.

교정에도 마찬가지의 원리가 적용된다. 우리는 자신의 글은 제대로 보지 못한다. 이미 어떤 내용이 있는지 다 알기 때문에 실제로 적힌 글 대신 '상상한' 글을 보기 때문이다.

프로젝트 작업 및 과제에서 반드시 성공을 거두기 위해 나는 보통 마감일에서 시작해 뒤에서부터 거슬러 올라가며 계획을 세우는 편이다. 5월 22일에 제출해야 하는 과제의 경우는 보통 다음과 같이 한다. 돌발 상황이 생길 때를 대비한 안전장치를 확보하기 위해 나 자신의 마감일을 5월 20일에 맞춘다. 다시 확인하고 다른 사람들이 검토할 시간을 확보하려면 5월 18일까지는 모든 과제를 마쳐야 한다. 5월 15일에서 17일까지는 자리를 비울 예정이므로 5월 12일에서 14일까지 과제를 작성해야 한다. 마감일 전 5월 10일 하루에만 강의가 있는 경우에는, 과제를 훑어보고 조금이라도 작업에 착수해 강사에게 그 과정에서 생기는 문제를 확인 받을 수 있게 해야 한다.

그룹 작업

다른 학생들과 함께 작업할 때는 다음 방법을 따르는 것이 현명하다.

(그룹 멤버들이 이미 정해져 있지 않은 한) 신중하게 멤버들을 선택한다 | 뛰어난 멤버들과 한 팀을 이루어야 한다는 점은 그룹 과제의 성공을 결정하는 가장 중요한 요소다. 뛰어난 멤버를 찾는 데 투자하는 시간은 작업을 잘하지 못하는 그룹에 속해 낭비하는 시간에 비하면 아무것도 아니다. 서로 다른 강점과 약점이 있는 뛰어난 멤버들을 선택하여 다른 멤버의 장점을 활용할 수 있도록 한다(예를 들자면 이론에 강한 사

람, 글을 잘 쓰는 사람, 파워포인트 작업에 능한 사람 등이 있다).

기대치를 공유하고 서로 작업 분량을 나눈다 | 모든 멤버가 누가 무슨 일을 맡는지 알고, 그룹 멤버들이 서로에게 가진 기대치가 무엇인지 잘 알고 있어야 한다. 과제를 나눌 때는 서로 다른 그룹 멤버들 사이에서 자신이 가장 잘할 수 있는 역할을 맡아야 한다.

마감 기한을 정한다 | 언제 서로 다른 과제를 완료해야 하는지 결정하고 안전장치를 설정한다. 필요한 경우 작업 분배량과 마감 기한을 서로 조정한다. 서로 작업할 어느 정도의 목표와 마감 기한을 정한 다음 추후 조정해도 성공리에 마칠 수 있는 계획을 세우는 것이 중요하다.

프로젝트 작업 및 과제 - 간단 요약

> PCWC (계획하기, 명시하기, 쓰기, 통제하기)는 프로젝트 작업 및 과제에도 사용할 수 있다.

> 그룹 작업을 할 때는 전략적으로 멤버를 선택하고 기대치와 작업 분량을 공유한 다음 마감 기한을 정한다.

구술시험 : 프리젠테이션의 달인

발표와 연설

관중 앞에서 말을 잘하는 사람들은 모두 애초에 그렇게 타고났다는 잘못된 미신이 있다. 하지만 버락 오바마 대통령, 윈스턴 처칠, 마틴 루터 킹은 모두 좋은 연설가가 되기 위해 강도 높은 훈련을 받아야 했다. 모든 사람이 이들처럼 말을 잘해서 세계적으로 유명한 연설을 남길 수는 없다. 하지만 약간의 훈련을 받기만 하면 우리 모두 훌륭한 점수를 받을 정도로는 연설을 잘할 수 있다.

좋은 연설을 위한 원리

나는 많은 사람들이 연설이나 발표를 준비할 때 얼마나 어리석게 시간을 낭비하는지를 보고 항상 놀라곤 했다. 사람들은 거의 대부분의 시간을 자료 조사를 하거나 말해야 할 내용을 적는 데 쓸 뿐 발표 자체를 연습하는 데는 아주 적은 시간을 쓰거나, 아예 쓰지 않는다. 그러다 막상 발표를 할 때는 단조롭고 지루하며 형편없는 모습을 보

인다. 관객들은 마치 형편없는 교사의 수업을 듣는 것 같은 기분이 들게 된다. 연설가가 아무리 많은 걸 알고 있어도 자신이 아는 정보를 호소력 있는 형식으로 전달할 수 없다면 아무 소용이 없다.

나는 고등학교에서 한 작가에 대한 발표를 하며 이와 같은 상황을 실제로 겪은 적이 있다. 이 작가에 대해서는 전에도 발표한 적이 있었기 때문에, 나는 그날의 연설도 순조롭게 진행될 것이라고 생각했다. 예전에 발표한 자료를 꼼꼼하게 훑어보았지만 발표를 직접 연습하지는 않았다. 나는 기억을 바탕으로 삼아 연설할 계획이었다. 그런데 학생들 앞에 서는 순간 갑자기 어떻게 연설을 시작해야 할지 모르겠다는 생각이 들었다. 가슴이 주체할 수 없을 정도로 쿵쾅거리고 입이 바싹 마르기 시작했다. 나는 교실 안을 둘러보다가 대부분 나를 잘 알지 못하는 사람들의 의문 섞인 시선과 마주쳤다. 그러다 그 자리에서 던질 그럴 듯한 말이 떠올랐고, 칠판에 무언가를 적기 시작했다. 하지만 그것도 잠시, 나는 곧 두서없이 주절거리기 시작했다. 손이 땀으로 젖고 목이 메었다. 나는 간신히 할 말을 찾아냈지만 계속 극심한 스트레스에 시달렸다. 이 혼란스러운 상태는 금방 가라앉지 않았고, 결국 얼마 지나지 않아 발표 자체를 중단해야 했다.

이제부터 성공적인 연설을 하기 위해 우리가 반드시 해야 할 일(그리고 내가 했어야 할)들을 열거하도록 하겠다.

연습하고 연습하고 또 연습하라 | 발표나 연설을 준비하기 위해 우리가 해야 하는 가장 중요한 일은 바로 연습이다. 아는 사람 앞에서나 상황이 안 되면 혼자서라도 큰소리로 말하며 연습하라. 적어도 다섯 번은 반복해야 한다. 큰소리로 말하기 시작하다 보면 자신이 더 잘할 수 있다는 사실을 깨달을 때가 많다. 더불어 내용을 전달하기에 더욱 적합한 방법을 발견할 수도 있다. 이 훈련은 발표 원고에서 자유로워지기 위해서도 필요하다(이 점에 대해서는 잠시 후에 더 살펴보겠다). 말하고자 하는 바를 더욱 확실히 알게 되고, 듣는 사람에게도 더욱 유익한 발표를 하게 될 것이다. 연습할 때는 다음의 추가적인 사항 역시 명심하도록 한다.

관중 쪽을 쳐다보며 말하라 | 발표자들이 하는 흔하고 일반적인 실수는 화면을 개인적인 기록을 하는 데 사용하는 것이다. 그렇게 되면 발표자는 관중들을 등지고 벽 쪽을 쳐다보며 말할 수밖에 없다. 관중들이 보고 있는 내용을 확인할 수 있는 개인 노트나 (태블릿 pc 같은) 화면을 따로 준비하지 않았다면 발표 화면을 보아야겠지만, 그 다음에는 곧 다시 관중들을 마주 보고 이야기를 시작해야 한다.

원고에서 벗어나라 | 가장 능숙한 강연자들은 주제를 너무 잘 알고

있어서 굳이 원고를 볼 필요도 없다. 워낙 많이 연습하고 강연을 해봐서 원고를 이미 다 외우고 있는 것이다. 원고를 가지고 있더라도, 어느 부분을 설명할 것인지 기억하는 데 참고하거나 추가적인 안전장치를 위해서만 사용할 뿐이다. 5분에서 15분 사이의 연설을 준비할 때는 그리 많은 노력을 하지 않고도 원고에서 자유로워질 수 있다. 말할 내용을 연습하면서 점점 더 원고를 볼 필요성이 줄어든다는 사실을 깨닫게 되면 연설도 자연히 훨씬 더 좋아질 것이다.

어떤 정보도 결코 잊지 않으려면 이 책의 학습 항목에서 소개한 로사이 시스템을 사용하여 강연장 내에 연설 주제당 하나의 멈춤 지점을 만드는 방법도 있다.

관중들의 눈을 쳐다보아라 | 사람들은 대부분 발표자가 자기들을 쳐다보는 걸 좋아한다. 관중들 앞에서 말할 때는 반드시 다른 사람들을 쳐다보거나 관중들 중 몇 사람을 쳐다보아야 한다. 쳐다볼 용기가 안 나거나 많은 관중들 앞에서 말해야 한다면 뒷줄에 앉은 관중의 고개보다 약간 더 높은 곳에 시각적 위치를 설정하고, 말하면서 그 지점을 쳐다보아라. 그러면 관중들은 자기들을 쳐다본다는 느낌을 받을 것이다. 사회과학을 전공한 내 친구의 조언을 따를 수도 있다. 내 친구는 많은 사람들 앞에 설 때마다 다소 긴장하는 편이었다. 그래서 그는 자신을 도울 만한 기법을 찾아냈다. 눈앞의 관중들이 벌거벗고 있다고 상상하는 것이다. 내 친구는 이 기법을 사용하여 연설할 때 자신감이 커지고 더 용기를 낼 수 있게 되었다고 한다. 원고의 힘을 빌리지 않고 연설하기가 어렵더라도 가끔씩은 노트에서 눈을 떼고 관중들을 정면으로 쳐다보며 말해야 한다.

적당한 목소리 크기와 속도를 찾아내고, 휴식 시간을 활용하라 | 관중들 앞에서 말할 때 작은 목소리로 말하는 것은 아무 소용이 없는 일이다. 반드시 과감하게 목소리를 높여 방의 제일 뒤쪽에 앉은 사람에게도 연설이 잘 들리게 해야 한다. 관중의 입장에서 볼 때 온 신경을 집중하여 말하는 내용을 듣고 이해하려 애써야 한다면 무척 신경에 거슬릴 수밖에 없다.

중요한 요점을 말한 후나 새로운 화제로 전환할 때는 관객들이 충분히 내용을 이해할 시간을 주기 위해 반드시 잠시 쉬었다가 말해야 한다. 주제가 상당히 복잡하고 전달해야 할 세부 사항이 많다면 너무 빨리 말하지 않도록 주의해야 한다. 관중들이 듣고 있는 내용이 무슨 뜻인지 이해할 시간이 필요하기 때문이다. 반대로 구태여 생각할 필요가 없는 내용에 대해 발표할 때 너무 느리게 말하면 관중들이 지루해할 수도 있다.

할 수 있는 한 가장 열정적인 태도로 말하라 | 아마 전혀 관심이 없는 주제에 대해 말해야 할 때는 어려울지도 모른다. 하지만 관객들은 주제에 대해 관심이 없는 사람의 이야기를 듣기보다 열정적인 발표자의 이야기를 듣는 걸 훨씬 좋아한다.

자신의 신체 언어를 의식하라 | 말하는 동안 무의식적으로 무언가를 만지작거려서는 안 된다. 그러면 관객들의 관심이 발표 주제에서 발표자의 산만한 움직임 쪽으로 이동할 것이다. 말하는 요점을 설명하거나 구체적으로 표현하기 위해 가능하다면 손을 적극적으로 움직이는 것이 가장 좋다.

음, 음, 음 | 다른 사람들 앞에서 말할 때 '음' 이라는 소리를 (음……)

사이사이에 집어넣는 (음……) 안 좋은 습관이 있는 사람들이 많다. 하지만 다른 화제로 넘어가거나 말할 단어를 찾는 사이에 차라리 그냥 가만히 있거나 잠시 쉬어 가는 편이 더 좋다.

간단한 트릭

연설에 대한 질문을 받는 시간에 당황스러울 정도의 침묵이 흐르는 상황을 피하기 위해, 미리 청중들과 공유하면 좋은 질문 몇 가지를 만든 다음 관중들 가운데 아는 사람에게 질문해 달라고 부탁하는 방법도 있다.

호소력 있는 파워포인트 발표문 구상하기

파워포인트는 단지 도구일 뿐이다. 무엇을 말하고 어떻게 말하는가가 가장 중요하다. 시각적인 요소는 말하는 사람을 돕는 역할만을 해야 한다. 발표의 핵심 요점이 되어서는 안 된다. 더욱 효과적인 파워포인트 발표문을 만드는 데 유용한 몇 가지 비결을 소개하겠다.

글이 적어야 한다 | 긴 글 대신 명확한 핵심 용어와 짧은 문장을 사용한다.

읽기 쉬워야 한다 | 글자 크기가 너무 작아서는 안 된다. 강의실 안의 모든 사람들이 글을 읽을 수 있어야 한다. 글자 크기 16이 절대적인 하한선이다.

그림 | 그림과 수치, 표를 사용한다. 말로 설명하는 데는 몇 분이 걸

리는 내용을 그림으로 이해하는 데 단 5초밖에 안 걸리는 경우도 있다.

특수 효과를 자제하라 | 말하는 동안 얼마든지 글과 그림을 보여주거나 슬라이드에 띄울 수 있다. 하지만 총성과 같은 과도한 특수 효과는 삼가야 한다.

발표와 연설 - 간단 요약

> 좋은 연설을 준비하기 위해 가장 핵심적인 사항은 연설을 연습하고, 더 많이 연습하고, 훨씬 더 많이 연습하는 것이다.

> 말하는 동안 반드시 관중들을 보며 말해야 한다. 원고에서 시선을 떼고 관중들을 바라보면서 열정적으로 말해야 한다. 신체 언어를 의식하고 '음'이라는 소리는 짧은 휴지 기간으로 대체하라.

구술시험 : 면접의 달인

구술시험은 필기시험과 여러 가지 면에서 다르다. 따라서 구술시험을 잘 보려면 필기시험과 전혀 다른 전략이 필요하다.

구술시험은 보통 비교적 짧다. 10분에서 40분 정도 걸리고, 준비하는 시간이 몇 분 정도 추가된다. 필기시험을 볼 때는 앞으로 되돌아가 여러 번 답을 고칠 수 있다. 하지만 구술시험은 생방송으로 진행되는 텔레비전 인터뷰와 같다. 시험을 보면서 하는 모든 말이 중요하다. 구술시험을 보는 동안 더 많은 조언을 얻을 수도 있다. 질문을 이해하지 못했거나 잘못된 방향으로 나아가기 시작하면, 시험관이 이 사실을 일깨워 주고 올바른 방향으로 되돌아갈 수 있도록 이끌어 줄 것이다.

구술시험은 보통 적어도 세 사람이 있는 방에서 진행된다. 시험자(자기 자신), 시험관(질문을 던지는 사람으로 대개 자신이 아는 교사나 강사), 마지막으로 외부 시험관(시험자의 답변을 기록할 또 다른 교수). 이렇게 세 명이다. 시험이 끝나면 시험관과 외부 시험관이 서로 상의하여 점수를 채점한다. 두 시험관의 의견이 일치하지 않을 때 최종 결정권이 있는 사람은 외부 시험관이다. 하지만 보통 두 시험관의 의견은 결국 일치하게 된다. 자주 있는 일은 아니지만 시험 결과가 불확실하거나 합의점을 찾지 못하는 경우, 다시 찾아오라는 말을 들을 수도 있다. 이 경우에는 점수를 올릴 수 있는 기회가 주어지는 셈이므로 기뻐해야 마땅하다.

구술시험에 관한 잘못된 미신이나 이야기는 무척 많다. 그리고 이런 잘못된 이야기들은 사람들이 필요 이상으로 구술시험을 두려워하게 만든다. 구술시험이라는 말은 실제보다 훨씬 가혹하게 들리곤 한다. 방에 있는 시험관들은 오히려 우리가 시험을 잘 보기 바라고, 시험을 보는 내내 이들과 시험 과목에 대한 즐거운 이야기를 나누게 될 때도 많은데 말이다.

좋은 점수를 얻기 위한 원리

구술시험은 아마도 발표가 가장 중요한 비중을 차지하는 시험 형식일 것이다. 과목에 관한 지식 역시 중요하지만, 표현의 재능도 이에 못지않게 중요하다. 구술시험에서 좋은 점수를 받으려면 내용의 전체적인 윤곽을 명확히 파악하고 주제를 통찰력 있게 꿰뚫고 있으며 논리적이고 효과적인 방식으로 사고할 수 있다는 사실을 보여 주어야 한다.

> 시험 형식을 파악하라

어떤 주제가 핵심이 되며 구술시험은 어디서 출제되는지 알려 주는 자료를 읽어라. 이 정보는 상당히 중요하며, 시험 보는 사람을 안심시킨다. 어떤 질문을 할지에 대해 자세히 이야기해 주지 않는 담당 교사도 있지만, 힌트를 주는 데 관대한 교사들도 많다. 따라서 결코 주저하지 말고 담당 교사에게 더 많은 정보를 물어보아라. 만족스러운 시험 결과를 거두는 데 필요한 규칙을 전반적으로 훑어보는 것도 현명할 것이다. 이 단계는 뜻밖의 상황이 닥쳤을 때를 대비해 더욱 철저히 준비할 수 있게 한다.

> 연습하라

주제와 관련된 내용을 말을 통해 효율적으로 전달하는 능력 역시 하나의 기술로, 얼마든지 가다듬고 보완할 수 있다. 혼자서 구술시험을 준비하는 가장 좋은 방법은 단연코 내용을 크게 소리 내어 말해 보는 연습이다.

구술시험 날짜가 가까이 다가올수록 반드시 말로 하는 연습을 해 보는 것이 이상적이다. 자신이 말해야 하는 주제에 관한 목록을 만든다. 가능하다면 구술시험이나 면접을 같이 보는 학생들과 함께 연습하라. 파트너와 함께 예상 질문을 주고받을 수 있다. 같은 시험을 보는 파트너를 구할 수 없다면 다른 사람에게 자신이 연습하는 것을 들어 달라고 부탁하거나 그냥 혼자서 연습할 수도 있다. 세미나 룸이나, 방해 받지 않을 수 있는 장소를 찾아라. 자신이 연습하는 것을 들은 사람의 피드백이나 제안사항을 받아들여 개선한 다음 다시 연습하라.

나는 독일어를 공부할 때 마지막으로 이 방법을 사용했다. 나는 구술시험이 있는 과목을 공부하는 세 사람 중의 한 명이었다. 그래서 우리는 하루 종일 함께 연습했다. 우리는 계획을 세워 서로 순서를 바꿔 가며 질문하고 답하는 역할을 했다. 워낙 구술시험 연습을 철저히 한 덕분에 우리 모두는 평균 점수보다 훨씬 높은 점수를 받을 수 있었다.

> 심리

구술시험을 보는 당신에게 '미소 띤 얼굴로 정중하고 상냥하게 행동하고, 열정과 흥미를 담아 말해야 한다'고 말한 사람은 아마도 없었을 것이다. 하지만 그렇다고 해서 이 원리가 중요하지 않다는 생각을 해서는 안 된다. 미소와 열정적인 태도는 공식적인 평가 기준에 속하지는 않지만, 구술시험을 보는 것 자체는 기본적으로 사람을 대하는 행위다. 채점하는 사람들이 받는 느낌과 인상은 점수에 일정 비중 반영되며 정반대의 상황으로 갈 수 있는 상황에서 두 등급 이상의 차이로 나타나기도 한다. 시험관이 자신에게 부정적인 인상을 느끼지 않도록 하라. 개성과 상황을 자신에게 유리한 방향으로 활용하라. 인간으로서 좋은 인상을 심어 주는 일은 그리 어렵지 않다.

시험 당일

만족감과 자신감이 들게 하며 자신에게 가장 잘 어울리는 옷을 선택하라. 하지만 과도한 관심을 끄는 옷은 입지 않도록 주의하라. 구멍이 있거나 낡은 옷차림은 티아라 왕관을 쓴 무도회 복장만큼이나 시험관과 외부 시험관의 주의를 흐트러뜨릴 수 있으므로 좋은 선택이 아니다. 사람이 아니라 말하는 내용이 주요 관심사가 되어야 한다는 사실을 명심하라.

물병을 챙겨가도록 한다 | 시험장에 마실 게 없을 때 도움이 될 것이다. 다른 사람들 앞에서 말하다 보면 입이 바짝 마르기 쉽다.
제 시간에 도착하라 | 그러면 스트레스가 훨씬 줄어든다. 늦게 도착하는 것은 어떤 상황에서든 부정적인 첫인상을 남긴다.
처음 보는 외부 시험관 앞에서는 반드시 자신을 소개해야 한다 | 이것은 기본적인 예의다. 악수도 좋은 첫인상을 심어 줄 수 있다.

시험관이 질문을 던질 때는 주의 깊게 들어야 한다. 시험관이 질문을 끝마쳤다는 것을 알기 전까지는 이야기를 시작하지 마라. 질문을 잘 이해하지 못했을 때는 추가 질문을 던진다. 일단 한번 이야기를 시작하고 나면 끝날 때까지 계속할 수 있다. "이걸로 충분하신가요?" "더 알고 싶은 점은 없으신가요?" 등의 질문을 할 필요는 없다. 시험을 보는 사람이 충분히 말했다는 생각이 들면 시험관이 알아서 끼어들 것이다. 말하는 동안 자연스러운 지점에서 0.5초에서 1초간 빈틈을 두는 데 익숙해지면 무척 유리할 것이다. 중요한 대목을 말한 다음 잠깐 쉬어 가는 것 역시 탁월한 발표 기술이다. 이렇게 잠깐 쉬어 가는 부분에서 시험관은 자연스럽게 반응을 보이게 된다. 말하는 주제에 충분히 관심이 있고 몰입하고 있는 것 같다는 인상을 주었다면 아주 잘하고 있는 것이다. 평생 동안 관련 주제에 관해 연구한 사람들의 이야기를 들어 보아도 좋다. 자세와 손동작이 많은 의미를 전달한다는 사실도 유념하라(이 대목에 관해서는 다음 장을 참조하기 바란다). 다른 사람과 함께 연습한다면 자세와 손동작에 대한 피드백을 요청해도 좋다.

준비를 잘못했다거나 주어진 시험 주제가 전혀 모르는 내용이라고 말하며 양해를 구하지 말라. 이런 말을 한다고 해서 좋을 게 뭐가 있겠는가?

시계를 눈여겨보고 염두에 둔 주제와 준비한 정보를 모두 전달하기에 시간이 충분한지 계속 확인하라.

“

구술시험 – 간단 요약

> 시험 형식과 가장 중요한 주제에 익숙해져라.

> 말하기를 연습하고 연습하고 또 연습하라. 함께 공부하는 친구나 부모님이 연습하는 걸 봐줄 수도 있다.

> 적절한 옷차림을 하고 제시간에 도착하고, 물병을 챙겨 가라. 미소 띤 얼굴로 흥미진진하게 말하려 노력하라. 질문을 들을 때는 세심하게 주의를 기울이고, 주요 사항을 말한 다음에는 잠시 빈틈을 주어라.

”

수업 태도 평가

교실에서 하는 발표를 최종 성적에 영향을 끼치는 평가의 일부로 사용하는 나라들이 많다. 따라서 수업을 듣는 동안 미리 발표 시간을 철저하게 준비하고 활용하는 것이 현명하다.

무엇을 해야 하는가?

우리는 우리가 좋아하는 사람들이 잘되길 바란다. 그리고 기꺼이 이들을 도와준다. 이는 판사, 사회복지사, 정치가들이 어느 한쪽을 잘 알고 있는 상황에서 결정을 내리지 않게 하는 이유 중 하나이기도 하다. 무의식적으로나마 감정이 결과에 영향을 끼칠 가능성이 크기 때문이다.

학교 역시 실질적인 여건에 따라 교사의 사적인 감정이 채점에 영향을 미치지 않도록 막는 몇 가지 시스템이 마련되어 있다. 물론 다른 교사들보다 유독 더 많이 감정에 휘둘리는 교사들도 있다. 또 사적인 감정을 전적으로 배제할 수 있는 교사는 극히 드물다. 그러므로 교사와 좋은 관계를 유지하는 편이 좋다. 나이가 들면 상사 혹은 다른 중요한 사람들과 좋은 관계를 맺는 것이 대단히 가치 있다는 사실을 알게 될 것이다. 교사와 좋은 관계를 형성하는 몇 가지 방법을 소개한다.

질문 | 수업에 적극적으로 참여하고 질문을 던져라. 수업에 적극적으

로 참여하는 행위는 교사들의 평가 기준 중 하나인 경우도 많지만, 교사들이 더욱 즐겁게 수업을 진행하게 만들기도 한다. 학생들이 적극적으로 참여해 수업을 잘 따라오고 있음을 보여 줄 때 가르치는 사람도 훨씬 신이 난다.

존중과 예의 바른 행동 | 제 시간에 수업에 도착하고 교사가 설명하는 동안 떠들지 않는다. 일찍 자리를 떠야 하면 교사에게 양해를 구하고 이유를 설명하라. 상대를 존중하고 예의 바른 행동을 보인다는 것은 이렇게 간단한 일이다.

관심 | 수업하는 과목에 깊이 빠져 있는 교사들이 많다. 과목에 관심을 보임으로써, 교사에게 인정받을 기회를 얻을 수 있다.

사소한 잡담 | 교사가 허물없는 성격이라면 쉬는 시간이나 수업 중간 중간에 몇 마디 이야기를 나누어 보아라. 어쩌면 교사와의 공통점을 발견할지도 모른다. 교사와 개인적인 이야기를 나누는 것은 교사와 더욱 친밀한 관계를 형성하는 방법이다.

신체 언어

우리는 신체 언어가 자신이 생각하고 느끼는 바를 그대로 전달한다는 점을 간과하기 쉽다. 실제로 신체 언어는 의사소통의 주요한 측면을 반영한다. 긍정적인 신체 언어는 주변 사람들과 좋은 관계를 만드는 데 큰 역할을 한다. 교실에 들어가 앉을 때는 이 사실을 마음속 깊이 새겨야 한다. 반면 부정적인 신체 언어에는 정반대의 특성이 있다. 이를 좀 더 명확히 깨닫기 위해 다음 그림을 참조하기 바란다.

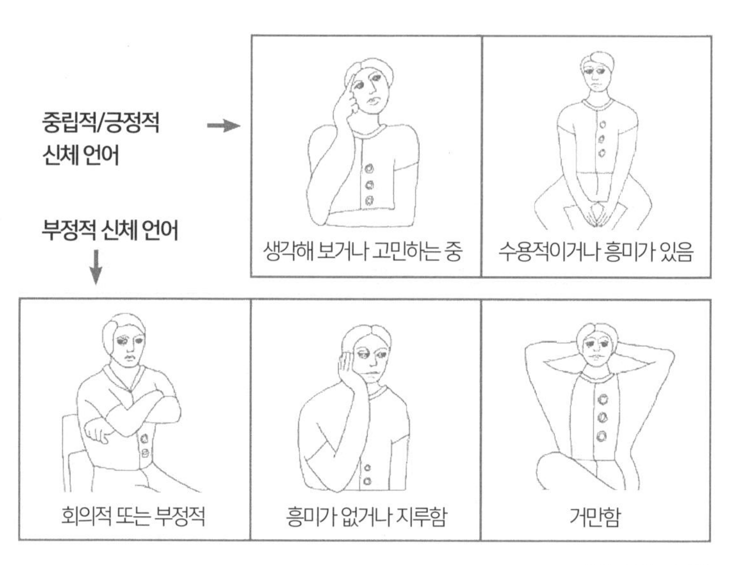

삽화: 토라 그레베

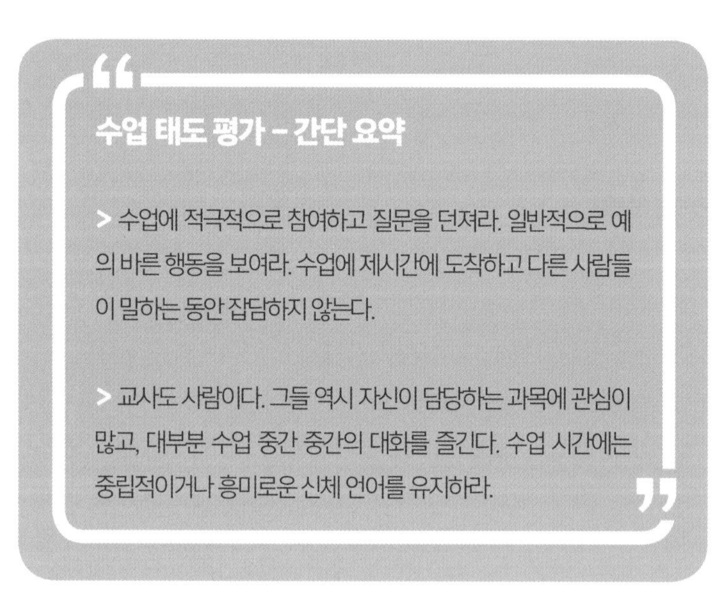

수업 태도 평가 – 간단 요약

> 수업에 적극적으로 참여하고 질문을 던져라. 일반적으로 예의 바른 행동을 보여라. 수업에 제시간에 도착하고 다른 사람들이 말하는 동안 잡담하지 않는다.

> 교사도 사람이다. 그들 역시 자신이 담당하는 과목에 관심이 많고, 대부분 수업 중간 중간의 대화를 즐긴다. 수업 시간에는 중립적이거나 흥미로운 신체 언어를 유지하라.

시험이 끝난 후

피드백 및 이의 제기

시험이 끝나면 시험 같은 건 완전히 잊어버리고 싶은 기분이 들 것이다. 좋은 성적을 거두지 못했을 때는 특히 더 그렇다. 하지만 다음 시험에서 보다 우수한 성적을 거두려면 자신이 치른 시험에서도 배워야 하고, 시험 결과의 피드백을 적극 활용해야 한다.

지속적인 발전을 위해 반드시 복기하라

운동선수들이 무엇을 잘하고 무엇을 잘못했는지 알아보기 위해 예전 경기를 복기하듯이, 우리 역시 시험 결과를 통해 자신을 발전시켜야 한다. 해설서나 제시된 답안을 자신이 쓴 시험 답안과 비교해 보라. 답안지를 채점해 준 사람이 쓴 모든 발언을 반드시 읽어라. 이 시험에서 무엇을 잘못했는가? 시간 안배를 잘못했는가? 아니면 과제를 잘못 이해했는가? 부주의한 실수나 그 밖의 원인이 있었는가? 자신에게 질문을 던져 보아라. 내가 이 시험을 통해 배울 수 있는 점은 무엇인가? 어떻게 하면 다음 시험에서 더 좋은 성적을 거둘 수 있을까?

결과에 이의 제기하기

새로운 평가를 요구하는 일의 목적은 더 높은 성적을 받는 데 있다. 하지만 첫 번째 시험을 아예 망치지 않는 한(이런 경우에는 성적에 이의를 제기한다고 해서 잃을 게 하나도 없다.) 새로운 평가에서 오히려 더 안 좋은 점수를 받게 될 수도 있음을 명심하라. 이를 제외한 다른 모든 경우에는 절차를 밟아 공식적으로 성적에 대한 이의를 제기하기 전에, 신중하게 생각해야 한다. 처음 채점한 사람이 '관대'해서 성적을 높여 주었을 가능성도 있다. 실제로 새로운 평가를 받아 점수가 오히려 낮아지는 경우도 있다. 시험 보기 전과 시험 보는 동안 느낀 자신의 실력에 대한 주관적인 견해는 대체로 다른 학생들에 비해 실제로 자신이 어떻게 시험을 치렀는지에 대한 좋은 판단 기준이 될 수 없다.

객관적인 사실을 점검하는 데서 시작하라. 불평을 제기하기 전에 자신의 답을 해설이나 다른 학생들의 답과 비교하여 시험관의 평가와 자신의 생각이 정말로 일치하지 않는지 확인해야 한다. 질문을 잘못 이해했거나, 제안된 답을 검토하기 전까지 이 점이 명확해지지 않을 수도 있기 때문이다. 그럼에도 평가가 너무 가혹했다는 생각이 든다면 시험관에게 타당한 이유를 가르쳐 달라고 요청할 수 있다. 대부분의 대학교와 단과대학에서는 학생들에게 시험 결과의 타당한 사유를 들을 수 있는 권리가 있다. 타당한 사유를 요청하면 외부 채점자가 점수를 결정한 정황을 들을 수 있다. 타당한 사유를 들었는

데도 이에 계속 동의할 수 없다면, 새로운 채점자가 기존 채점자보다 자신에게 더 좋은 점수를 줄 가능성이 있는지 생각해 보라. 충분히 가능성이 있다는 생각이 들면 불만을 제기할 수 있다. 기존 채점자가 답안 일부를 잘못 이해했다는 생각이 든다면 불만을 제기할 때 이 부분을 언급하라.

재시험

가끔은 시험을 다시 보는 경우도 있다. 심지어 이 편이 훨씬 더 현명한 선택일 때도 있다. 재시험을 보기로 결정했다면 다른 과목에 신경을 덜 쓰게 되는 상황을 피하기 위해, 너무 일정이 바쁘지 않은 학기에 볼 수 있는지 반드시 확인해야 한다. 또한 앞으로 재시험을 볼 과목과 비슷한 과목을 듣게 될 가능성은 없는지 알아본 다음, 비슷한 과목을 다시 듣게 될 때까지 기다렸다가 재시험을 치르도록 한다. 그렇게 되면 특정 과목을 공부하는 것으로 동시에 두 가지 수업에 도움을 받을 수 있다. 예를 들자면 나는 박사 공부를 하는 동안 두 번째 학기에 통계학 입문 과정을 들었다. 시험 결과가 별로 안 좋아 시험을 다시 보기로 했지만 마지막 학기까지 기다렸다. 마지막 학기에 통계학 심화 과정을 듣기 때문이었다. 통계학 입문 과정의 재시험을 준비하면서 나는 값진 보충 수업 과정을 밟을 수 있었고, 이는 통계학 심화 과정 시험을 볼 때 상당히 유리한 작용을 했다.

마찬가지로 통계학 심화 과정을 공부하는 것 역시 통계학 입문 과정 시험을 더 잘 보는 데 유리하게 작용했다. 재시험을 볼 때는 한 가지 주의사항이 있다. 재시험을 볼 가능성을 첫 번째 시험에 소홀해지는 핑계로 삼지 말아야 한다. '어차피 재시험 볼 거니까 이번엔 별로 열심히 안 해도 돼'라는 발상은 상당히 위험하다. 첫 번째 시험을 볼 때 더 많이 노력하여 좋은 점수를 받는 것이 가장 효과적인 방법이다. 재시험 기회는 열심히 준비하고 공부하지 않는 태도에 대한 변명이 아니라, 낮은 점수를 만회하는 보험용으로 사용해야 한다.

피드백 및 이의 제기 – 간단 요약

> 시험 결과를 통해 다음 시험에서 더 좋은 점수를 받는 방법을 배울 수 있도록 한다.

> 점수에 대해 불평하기 전에 제시된 답안을 읽어 본 다음 필요한 경우 타당한 사유를 요청한다. 이 정보를 활용하여 정당한 사유를 갖춘 이의를 제기한다. 이의 제기는 더 낮은 점수를 받을 가능성이 거의 없을 때만 사용해야 한다.

2 요점 사항

> 우리는 학기 초반보다 시험 보기 전에 더 많은 정보를 기억한다. 따라서 시험을 앞둔 기간에 더 집중적이고 효율적으로 공부해야 한다.

> 시험 보기 전에 먼저 결과를 생각해 보라. 요약문을 작성하거나 기존 시험 문제를 풀어 본다.

> 시험 기간 동안의 공부 계획을 짜서 반드시 해야 할 일을 모두 소화할 수 있도록 한다.

> 시험 보기 전에(가능하면 시험 보는 중에도) 음식과 음료를 알맞게 섭취한다. 시험 보기에 편안한 옷차림을 선택한다.

> 필기시험과 검사에 계획(Plan), 명시(Clarify), 쓰기(Write), 통제(Control)의 PCWC를 적용한다.

> 잘못된 답안으로 점수가 깎이지 않는 한 어떤 질문의 답도 절대로 공백으로 남기지 않는다. 시간이 부족할 때는 핵심 용어와 문장으로 신속한 답변을 작성한다.

> 다항 시험 선택 문항의 모든 선택 가능한 답안을 반드시 다 읽는다. 답을 확실히 알지 못할 때는 오답을 제거하고 가장 그럴 듯한 답안을 선택한다. 짧은 답안은 너무 모호하므로 틀릴 가능성이 높다는 사실을 기억하라.

> PCWC는 그룹 작업 및 과제에도 사용할 수 있다. 그룹 작업을 할 때는 전략적으로 멤버를 선택한 다음, 기대치와 작업 분량을 나누고 마감 기한을 설정한다.

> 구술시험 및 발표 전에는 말하기를 연습하고, 더 많이 연습하고, 훨씬 더 많이 연습한다. 신체 언어에 주의하면서 관중들을 쳐다보며 열정적으로 발표하라.

> 교사에게 과제를 돌려받을 때는 교사가 적은 견해를 읽고 제시된 답안과 자신의 답안을 비교한다. 실수를 통해 배우고 다음 시험에 사용할 수 있는 결론을 이끌어 내라.

> 점수에 대해 이의를 제기하기 전에는 반드시 제시된 답안을 읽고 타당한 사유를 요청하라. 이 정보를 토대로 정당한 사유를 갖춘 이의를 제기한다. 이의 제기는 더 낮은 점수를 받을 가능성이 거의 없을 때만 사용해야 한다.

3

초일류 인재들의 긍정적 사고의 기술

긍정적으로 사고한다는 것에 대하여

하랄드 레네버그

Harald J. Rønneberg

노르웨이 유명 방송 프로그램 진행자

Photo © 킬란 먼치(Kilian Munch)

우리는 다방면에서 스트레스를 받는 사회에서 살고 있다. 그래서 초조해하고 불안해하며 파괴적으로 사고하기 쉽다. 상황을 반전시키기 위해 필요한 무언가에 집중하기보다, 현재의 잘 안 풀리는 상황에 빠져 있기가 쉬운 건 분명한 사실이다. 상황을 잘 풀리게 하기 위해 반드시 필요한 한 가지 핵심 요소는 자기 자신의 생각을 다스려 올바르게 사고하는 것이다. 우리가 생각하는 방식의 원리를 알고 싶은가? 모든 게 잘못될 거라고 생각하면 무언가가 잘못되게 마련이다.

한 번도 스키 점프를 해 본 적 없는 내가 늦은 밤 방송 프로그램에서 홀멘콜렌 스키점프대에서 점프하겠다는 결단을 내리자, 많은 사람들은 내가 미쳤다고 생각했다. 나 역시 여러 차례 겁에 질려 몸이 굳은 채 도대체 지금 내가 무슨 짓을 하고 있는 걸까 라는 의문을 던지기도 했다. 하지만 나는 3주 이내에 점프하겠다는 목표를 정하고, 나 자신을 믿어 보기로 했다. 예전에도 힘겨운 도전에 맞서 본 적이 있었기 때문에 열심히 노력하기만 한다면 얼마든지 해낼 수 있다는 사실을 알고 있었다. 나는 단계적인 목표를 설정하고, 더 낮은 언덕에서 점프 연습하기와 같이, 성공하는 데 필요한 모든 일에 전력을 기울였다. 그리고 마침내 성공했다!

방송 프로그램 진행자인 토마스와 나는 끊임없이 자신의 생각을 통제하는 것이 얼마나 중요한지에 대한 이야기를 들어 왔다. 우리가 프로그램에서 시도하는 일을 마음에 들어 하지 않는 사람은 늘 있다. 하지만 우리를 마음에 들어 하지 않는 사람들에게 집중하기 시작하면, 우리는 앞으로 좋은 텔레비전 프로그램을 만들 수 없을 것이다.

나의 좌우명은 나쁜 일이 생기는 데도 한계가 있다는 것이다. 언제나 성공하기만 하는 사람은 없다. 그리고 성공하지 않으면 또 어떤가? 실패를 두려워하지 마라. 시험을 망쳤다고 세상이 멸망하는 것도 아니다. 누구에게나 장단점이 있다. 장점을 활용해 약점을 보완하라. 자기 자신을 믿고, 긍정적으로 행동하고, 좌절의 경험을 다음에 더 잘하기 위해 필요한 것을 배우는 기회로 삼아라. 그러다 보면 어느새 자신이 이뤄 낸 성과를 보고 놀라게 될 것이다.

하랄드는 노르웨이 방송국 2 채널의 <늦은 밤 토마스와 하랄드와 함께>의 진행자로 유명하다. 토마스 눔(Thomas Numme)과 함께 <늦은 밤 토마스와 하랄드와 함께>를 노르웨이에서 가장 시청률이 높은 오락 프로그램 중 하나로 만들었으며 글루텐 프라이즈(Gullruten Prizes)를 세 번 수상했다. 하랄드는 우리 대부분이 감히 하지 않으려 하는 일, 예를 들어 스키를 타고 그린란드 가로지르기, 홀멘콜렌 스키점프대에서 뛰어오르기와 같은 일에 도전하는 사람으로 유명하다. BI 노르웨이 경영대학에서 경제학 학위를 받았다.

동기부여와 태도

동기부여가 전부다

몇 년 전, 자선사업에 쓸 수익금을 모으기 위한 대회가 열렸다. 누구나 참여할 수 있는 대회였다. 몇 분의 짧은 휴식 시간을 제외하고 참여자들은 모두 70×70 cm 크기의 작은 카펫 위에 서서 날씨나 상황에 아랑곳없이 밧줄을 붙잡고 있어야 했다. 상금은 아름다운 구형 자동차인 1956년 벤틀리였다. 100명 정도 되는 사람들이 참여했는데, 이들 중 한 명은 선천성 심장 결함 때문에 자식을 잃은 경험이 있는 아빠였다. 아빠는 세상을 떠난 아들을 기리기 위해 이 대회에 참여했다. 상금을 팔아 얻게 될 수익금은 가족을 위한 집을 짓는 데 사용할 예정이었다. 이 아빠는 대회에 대한 생각이 확고했고 경쟁을 계속해 나가려는 동기부여가 아주 강력했다. 단순히 쉽게 돈을 벌려고 나온 사람들보다 훨씬 더 강한 동기부여가 형성되어 있었다. 너무나 강력히 동기부여가 된 상태라 다리의 통증도, 배고픔도, 불면도 그를 막지 못했다. 24시간이 지난 후에는 그 아빠와 다른 사람, 단 두 명의 참여자만이 남았다. 48시간 후에는 두 사람 다 힘이 완전히 빠져서 내면의 추진력밖에 남지 않았다. 50시간이 지나자 다른 참여자가 포기했다! 이 아빠의 동기부여를 꺾기란 불가능했다.

동기부여는 '행동을 시작하고 이끄는 힘'으로 정의할 수 있다. 구체적인 목표를 성취하려는 욕망이나 욕구를 말하기도 한다. 간단히 말해 동기부여에서 가장 중요한 것은 자신이 무언가를 얼마나 많이 원하는가다. 정말로 공부를 잘하고 싶어한다면 그 자체로 동기부여가 높은 것이다.

동기부여가 중요한 이유는 무엇일까? 그 이유는 동기부여가 결과와 직접적인 관계가 있기 때문이다. 공부를 잘하는 사람들은 대체로 동기부여가 높다는 연구 결과가 있다. 예를 들어 독일에 있는 3천5백 명의 학생들을 대상으로 한 연구에서도 동기부여가 잘 되어 있는 학생들이 동기부여가 별로 되지 않은 학생들보다 수학을 배우는 데 훨씬 탁월하고 더 높은 점수를 받았다는 결과가 나왔다.

더 많이 동기부여가 되면 더 좋은 점수를 받을 수 있고, 더 많이 동기부여가 될수록 더 잘할 수 있게 된다. 동기부여는 방향을 제시하고 더 많은 원동력과 힘이 솟아나게 한다. 실패와 좌절 앞에서도 우리를 지탱하게 하고 조금이라도 더 나은 선택을 하게 만든다. 동기부여는 우리의 의식과 무의식에 파고들어 포기하고 싶은 기분이 들 때도 계속 버틸 수 있게 해 준다.

내적 동기와 외적 동기

동기 심리학자들은 내적 동기와 외적 동기를 구별한다. 어떤 행위를 하며 그 자체로 보상을 받는 기분이 든다면 내적으로 동기부여가 되었다고 할 수 있다. 내적 동기의 한 가지 예는 축구를 하는 게 재미있다고 생각하기 때문에 축구를 하는 사람이다. 이 사람에게는 축구라는 행위 자체가 곧 목표다. 반면 보상이 행위 밖에서 주어진다면, 외적 동기가 결부된 것이다. 외적 동기의 한 예는 몸을 만들기 위해 축구를 하는 사람이다.

호기심 역시 강력한 내적 동기부여 요인이다. 호기심은 아기가 집안 구석구석을 탐험하게 만들고, 과학자와 모험가를 배출한다. 최초로 에베레스트 산을 등반한 사람인 조지 말로리는 왜 산에 올라가고 싶었느냐는 질문을 받자 불쑥 이렇게 외쳤다고 한다. "산이 거기 있었기 때문입니다!"

공부를 좋아하거나 공부하는 내용이 재미있다고 생각하며 공부하는 사람 역시 내적으로 동기부여가 된 것이다. 공부를 잘할 때 생기는 긍정적인 감정에 이끌리는 학생들 역시 내적으로 동기부여가 되었다고 할 수 있다. 이 밖의 다른 사람들은 일부는 내외적으로, 일부는 외적으로만 동기부여가 된 사람들이다.

여기서 좋은 소식은 정확히 어떻게 동기부여를 하는가는 그리 중요하지 않다는 것이다. 중요한 것은 자신이 형성하는 동기부여의 수준이다. 이 시점에서 이번 장의 가장 중요한 주제로 넘어가 보도록 하겠다.

자기 자신에게 동기부여하는 방법

자기 자신에게 가장 효과가 좋은 동기부여 기법을 찾아내는 것은 자신의 몫이다.

1 내적인 동기부여를 형성하라

공부하는 과목의 본질적인 가치를 파악하여 태도를 바꾸어라. 공부하는 과목에 호기심과 흥미가 생기게 하라. 호기심은 강력한 동기부여 요인이다. 더불어 왜 공부하는 과목이 중요한지에 대한 이유를 찾아보려고 애써라. 재미있게 공부하라(재미를 다룬 장을 참고하라).

2 자기 자신을 위한 목표를 세워라

목표를 세우는 것은 가장 많이 사용되는 동기부여 기법이다. 따라서 목표를 세우는 부분에 대해서는 별도의 장에서 따로 논의할 것이다. 나는 가장 강력한 동기부여 기법은 자기 자신이 정말로 간절히 원하는 원대한 목표를 세우는 것이라고 생각한다. 우리에게 진정으로 동기부여를 하게 만드는 꿈은 우리를 더 열심히 공부하게 이끈다. 예를 들어 학교를 졸업한 후 멋진 직장에 들어가길 꿈꾸지만 원하는 직장에 들어가기가 얼마나 어려울지 아는 상황이라면, 자신의 꿈을 공부를 더 열심히 하게 만드는 동기부여 요인으로 삼을 수 있다. 의사나 수의사가 되고 싶어 하지만 의과대학이나 수의학과에 들어가는 게 얼마나 어려운지 아는 학생에게도 같은 원리가 적용된다.

3 '긍정적인 감정'을 떠올려라

'긍정적인 감정'은 정복의 감정과 밀접한 연관이 있다. 도전의식을 자극하는 목표를 정복하면 만족과 성취감을 느낄 수 있다. 누구나 정말로 열심히 배우려 노력했는데도 이해하지 못했던 경험이 있을 것이다. 그럴 때는 좌절감이 밀려온다. 그런데 어느 순간 갑자기 퍼즐 조각이 맞아떨어지기 시작하면서 좌절감이 긍정적인 이해의 감정으로 탈바꿈한다. 이해하기 어려운 글을 읽을 때는 그 글을 정복했을 때 느끼게 될 긍정적인 감정을 떠올려 보아라. 포기하지 마라. 자리에 앉아 공부하는 것을 자꾸 미루려 할 때는 공부하는 동안 좋은 성적으로 보상받을 때 느낄 긍정적인 감정을 떠올려 보아라.

4 자기 자신에게 보상하라

심리학자들은 보상이 따르는 행위는 그 자체로 보람이 있는 것으로 인식된다는 점을 밝혀냈다. 다시 말해 공부를 무언가 좋은 일과 연결하여 생각하는 데 익숙해지게 되면 시간이 흐름에 따라 공부가 점점 더 재미있어진다. 예를 들어 과제로 주어진 세 개의 장을 읽고 이해하면 영화를 봐도 좋다고 스스로에게 이야기하는 방법이 있다. 이 방법으로 효과를 얻으려면 반드시 공부를 마친 뒤에 보상을 제공해야 한다. 하지만 동시에 외적인 보상이 행위의 내적인 동기부여를 감소시킬 수도 있다고 생각하는 심리학자도 있음을 기억하라.

5 자기 안의 경쟁 심리를 발견하라

우리 대부분에게는 경쟁 심리가 있으며, 많은 여가 활동에는 경쟁을 자극하는 요소가 포함되어 있다. 승자가 없는 카드 게임을 하는데 무슨 재미가 있겠는가? 참가자들이 서로 경쟁하지 않는 크로스컨트리 스키 경기를 보는 데 무슨 재미가 있겠는가? 경쟁심은 우리 안의 무언가를 부추긴다. 활동에 의미를 부여하고 활동을 더욱 신나게 만든다. 운동을 해 본 사람이라면 그냥 연습하는 것보다 게임을 하는 것이 훨씬 더 재미있다는 사실을 알 것이다. 경쟁은 우리를 더 많이 노력하게 하고, 우리에게 욕망이 생기게 한다. 우리는 연습할 때보다, 실제 경기에서 더 빨리 달리고 더욱 열심히 참여한다. 경쟁심리를 일깨울 수 있다면 공부에 더 많은 동기가 부여될 것이다. 자기 자신을 대상으로 경쟁하라. 어제 공부한 것보다 오늘 더 오래 공부할 수 있는지 보라. 지난 학기보다 이번 학기에 더 높은 평균 점수를 받을 수 있는지 지켜보라. 또한 동료 학생들이나 학급 평균과도 경쟁할 수 있다. 옥스퍼드에 다닐 때 나는 점수 내기에 참여한 적이 있는데, 이 내기에서 패한 사람은 승리한 사람에게 케이크를 구워 주어야 했다. 이 내기는 내가 공부할 때 더 많은 힘을 내게 해 주었고 덕분에 공짜로 케이크를 먹을 수도 있었다. 또 내가 지더라도 경쟁 덕분에 힘을 내게 되어 더 좋은 점수를 받을 수 있었다. 이런 측면에서 점수 내기에는 사실상 패자는 없고 승자만이 존재할 뿐이다.

동기부여가 작동하지 않을 때

동기부여를 해도 아무런 소용이 없을 때는 어떻게 해야 하는가? 누구에게나 매사가 암울하게 느껴지고 과연 노력하면 기대하는 결과를 얻을 수 있을까 하고 의심하게 되는, 어두운 시기가 찾아오게 마련이다. 그럴 때는 자기 자신을 너무 혹사시키지 마라. 이럴 때는 계획을 좀 더 느슨하게 짜되, 자기 자신에게 힘을 실어 줄 수 있는 무언가를 찾아보는 것이 현명하다. 지금 자신이 공부하는 과목을 공부해야 하는 긍정적인 이유의 목록을 작성하거나, 공부를 더 잘하게 되었을 때 생기는 장점을 적어 볼 수도 있다.

동기부여는 차를 움직이게 하는 휘발유와도 같다. 더 많은 휘발유를 넣을수록 차는 더 먼 거리를 이동한다. 휘발유를 모두 다 써 버리면 차는 완전히 멈춰 버린다. 그러므로 동기부여가 전부인 것이다.

동기부여가 전부다 – 간단 요약

> 동기부여는 대단히 중요하다. 우리를 집중하게 하고 우리에게 더 많은 욕망이 생기게 한다.

> 자기 자신에게 동기부여를 하는 방법

❶ 자신이 공부하는 내용에서 흥미와 재미를 발견하려 노력하라.

❷ 자기 자신을 위한 목표를 세워라.

❸ 어려운 대상을 정복하고 좋은 결과를 얻었을 때 생길 긍정적인 감정을 떠올려라.

❹ 자기 자신에게 보상하라.

❺ 공부를 경쟁 영역으로 파악하고 자신의 경쟁 심리를 이끌어 내라.

결과에 대해 책임을 져라

버스에 앉아 직장이나, 다른 중요한 곳으로 가고 있는 자신의 모습을 그려 보라. 당신은 늦게 나왔지만 간신히 시간에 맞출 수 있을 것 같다. 지금 가고 있는 곳에 제 시간에 도착하는 것은 무척 중요하다. 다행히도 버스는 이제 목적지에 거의 다 왔다. 정류장까지는 고작 150미터밖에 남지 않았다. 그런데 갑자기 일이 생긴다. 교통사고가 생겨 교통이 완전히 마비된 것이다. 버스 기사는 문을 열고 내리고 싶어 하는 사람이 나갈 수 있게 해 준다. 이런 상황에서 당신은 어떻게 하겠는가? 정체가 풀려 버스가 정류장에 도착할 때까지 가만히 앉아서 기다리겠는가? 물론 그렇지 않을 것이다. 당신은 버스에서 내려 마지막 구간을 뛰어갈 것이다. 이처럼 사소한 문제에 부딪힐 때면 우리는 그 문제를 어떻게 해결해야 하는지 본능적으로 안다. 하지만 공부를 하다가 장애물에 부딪힐 때는 어떻게 하는가? 장애물에 맞닥뜨리자마자 자기 자신을 희생자로 만들기 바쁜 학생들이 많다. 이런 학생들은 강의를 이해하지 못했다고 말하며, 좋은 점수를 받지 못한 것은 자기 잘못이 아니라고 변명한다. 아니면 집이 너무 시끄러워 아무것도 읽을 수 없었다는 등의 변명을 늘어놓기도 한다.

물론 형편없는 강의와 형편없는 교재, 어려운 과목과 짜증나는 날들도 있게 마련이다. 하지만 이는 그저 모든 사람이 부딪히는 삶의 단면일 뿐, 자신이 실력 발휘를 하지 못한 것에 대한 핑계가 될 수는 없다. 성공으로 가는 길목으로 내딛는 결정적인 한걸음은 자신의 실력 발휘는 전적으로 자기 책임임을 인정하는 데서부터 시작한다. 공부할 시간을 따로 마련하고 그 시간에 실제로 공부하는 것은 자신의 책임이다. 시험을 준비하는 것도 자신의 책임이다. 눈앞에 닥친 장애물을 극복하는 것도 자신의 책임이다. 교재에 나온 설명을 이해할 수 없다고 해도, 그 점이 아무것도 하지 않은 것에 대한 핑계가 될 수는 없다. 교재를 대체할 책이나 다른 학습 수단을 찾아보아라. 다른 사람들에게 물어보거나 인터넷에서 해당 과목에 대한 정보를 찾아보아라. 자신의 성공에 방해가 되는 사람이 바로 자기 자신임을 인정하는 순간, 방해가 되는 요소를 해결할 수 있는 장본인 역시 자기 자신이라는 사실을 깨닫게 될 것이다. 이 사실은 굉장히 고무적이다. 자신이 전적으로 자기 자신을 다스릴 수 있게 되기 때문이다. 책임지는 데 익숙해짐으로써 장애물에 부딪혔을 때 더욱 빨리 해결책을 찾아내는 일도 더 잘하게 될 것이다.

자신에게 효과가 있는 방법을 찾아라

아니타는 세 명의 친구와 아파트를 같이 쓰는 사회학과 학생이다. 그녀의 친구들은 아니타가 크게 책을 읽는 소리를 자주 들었다. 처음에는 이상하다고 생각하고, 아니타가 다른 사람에게 책을 읽어 주는 건지도 모르겠다고 생각했다. 하지만 아니타는 항상 혼자 있었다. 결국 그들은 아니타에게 왜 책을 소리 내어 읽는지 물어보았다. “그게…… 나는 소리 없이 읽을 때보다 소리 내어 읽을 때 두 배나 더 잘 기억한다는 걸 알게 되었거든." 그러므로 아니타의 행동은 전혀 이상하지 않고, 오히려 대단히 이성적인 것이었다.

사람들은 저마다 다른 상황에서 가장 잘 학습하고 가장 우수한 실력을 발휘한다. 예를 들어, 어떤 사람은 눈을 감고 시각적인 장애물을 모두 차단했을 때 훨씬 더 잘 집중한다. 우리는 시간이 지남에 따라 자기 자신을 더 잘 파악하게 되고 노력의 결과를 최대화시키는 요소가 무엇인지 알게 된다. 그렇지만 이런 점을 깨달을 때까지 기다리지는 마라. 공부하는 동안 차츰차츰 자신이 알지 못했던 새로운 방법을 찾아가는 과정이 중요하다. 그러나 누가 그렇게 하면 좋다는 말을 했다고 해서, 남이 시키는 방법대로만 할 필요는 없다. 대부분의 영역에는 항상 발전의 여지가 있게 마련이다. 새로운 방법을 전혀 시도해 보지 않는다면 결코 발전의 여지를 찾아내지 못할 것이다. 따라서 마음을 열고 다른 사람의 충고를 받아들여라. 다른 사람들이 권한 방법이 자신에게도 효과가 있는지 한번 시도해 보라. 필요하다면 열린 마음으로 이를 수용하라.

결과에 대해 책임을 져라 – 간단 요약

> 자신의 학습과 실력 발휘에 대한 책임을 감수하라. 그렇게 함으로써 장애물에 대한 해결책을 더욱 빨리 찾게 될 것이다.
> 어려운 상황에 대해 불평하기보다 창의적으로 사고하여 이를 극복할 방법을 찾아라.

정신력 향상 기법

자기 자신을 위한 목표를 세워라

짐 캐리는 세계적으로 유명한 배우가 되기 전, 배우로서 성공하기 위해 고군분투했다. 가난한 집안 출신인 그는 돈 한 푼도 없이 할리우드로 향했다. 짐 캐리의 가족은 너무 가난해서 친척 집 앞마당에 주차된 차 안에서 지낸 적도 있다는 소문이 있을 정도였다. 돈은 별로 없었지만, 대신 그에게는 야심이 있었다. 그는 낡은 도요타를 타고 멀홀랜드 드라이브까지 가서 멀리서 로스앤젤레스를 바라보며 미래를 꿈꾸었다고 한다. 그리고 자기 앞으로 천만 달러짜리 수표를 끊고 날짜를 오년 후로 적었다. 어느 날 밤 그는 자기 자신을 위한 목표를 세우기로 결심했다. 그는 수표를 지갑에 넣고 다니며 그 목표를 자주 떠올렸다. 그 다음 이야기는 마치 신화와 같다. 〈에이스 벤추라〉, 〈마스크〉, 〈덤 앤 더머〉로 엄청난 성공을 거두고 난 뒤, 그는 오년 후에 수표를 현금으로 바꾸고도 남는 엄청난 돈을 벌었다.

어쩌면 당신은 짐 캐리처럼 주변의 가장 가까운 산에 올라가 동네를 내려다보며 미래를 꿈꾸어 본 적이 없을지도 모른다. 하지만 누구나 목표 설정 기법을 사용해 더 많은 것을 성취할 수 있다. 뚜렷한

목표가 있다는 것은 너무나 중요하다. 목표는 우리에게 방향을 제시하고 원동력이 생기게 한다. 물론 지금 현재 속한 자리에서 자신에게 행복한 일을 하여 동기를 부여하는 사람들도 있다. 하지만 우리 대부분은 앞으로 우리가 얻고자 하는 것이 무엇인지 일깨움으로써 의욕을 갖는다.

긍정적인 목표는 우리에게 동기를 부여한다. 생각하는 것만으로도 긍정적인 감정이 생기게 한다. 긍정적인 목표는 우리를 목표에 집중하게 한다. 하루하루를 살아가며 보다 현명한 선택을 하게 돕는다. 목표는 지극히 구체적이어야 한다. 전 세계의 수많은 연구를 통해 구체적인 목표가 실력을 더 잘 발휘할 수 있게 한다는 점이 입증되었다.

현명한(SMART) 목표

긍정적인 목표를 형성하는 긍정적인 연상의 규칙은 반드시 현명해야 한다. 현명(SMART)하다는 단어의 각 철자는 목표의 독특한 특성을 상징한다.

구체적인 specific	목표는 반드시 명확하고 간단한 문장으로 진술되어야 한다.
측정 가능한 measurable	결과는 성적과 같이 객관적인 기준으로 반드시 측정될 수 있어야 한다.
원대한 ambitious	목표는 반드시 그저 단순한 목표 이상이어야 한다.
현실적인 realistic	목표는 반드시 물리적으로 실현 가능해야 하며, 목표에 대한 부담으로 신경 쇠약을 일으키게 하지 않아야 한다.
시간 제한이 있는 time-limited	목표에는 반드시 목표를 성취해야 하는, 분명하게 명시된 마감일이 있어야 한다.

> 현명한 목표의 예시

- 이번 학기에 평균 4.75 이상의 점수를 받는다.
- 다음 과제에서 A를 받는다.
- 해부학에서 A를 받는다.
- 내년에 중국으로 어학연수를 떠나 그곳에서 휴가를 보낼 수 있을 정도의 중국어를 배운다.

> 현명하지 않은 목표의 예시

- 공부를 잘한다.

- 시험 전에 최대한 많이 학습한다.
- 최대한 좋은 점수를 받는다.
- 학사 학위 세 개를 따는 동시에 모든 수업에서 A를 받는다.

위의 목표들은 현명하지 않다. 구체적이거나 측정이 가능하지 않고 시간 제한도 없으며, 마지막의 경우에는 비현실적이기 때문이다.

자기 자신을 위한 여러 가지 목표를 세워라

최대한 많은 목표를 달성하려면 장기 목표와 단기 목표를 모두 세우는 것이 중요하다. 『동기부여와 정복』이라는 책에서 원즈와 망제는 다음과 같이 말했다. "작은 목표를 세워 우리의 인내심과 에너지를 키울 수 있다. 작은 목표를 이룰 때마다 우리는 긍정적 자극을 받게 되고 노력이 가치 있다는 경험을 쌓게 된다. 작은 목표를 이룬 경험은 무의식적으로 우리의 에너지를 높인다. 성공할 수 있다는 앞으로의 가능성을 높이기 때문이다. 그리하여 동기부여를 유지하여 실제로 이루어질 수 있게 한다."

> 권장 목표 사항

나는 다음과 같은 목표를 세울 것을 권장한다.

1. 학교를 졸업한 다음 앞으로 할 공부나 일을 위한 목표(장기 목표)
2. 최종 성적 평균에 대한 목표 (장기 목표)
3. 각 학기 성적 평균에 대한 목표 (단기 목표)
4. 각 과목 성적에 대한 목표 (단기 목표)

❺ 각 수업 시간에 대한 목표 (초단기 목표)

목표를 추진하며 상황에 따라 조정하는 것은 반드시 필요한 절차일 뿐 아니라 대단히 중요한 사항이기도 하다. 공부를 시작하는 단계나 학기 초 같은 경우는 자신이 실제로 이룰 수 있을 정도의 현실적인 목표를 세울 만한 통찰력이 부족하다. 반대로 이미 세운 목표가 너무 쉽다는 사실을 알게 되는 경우도 있다. 두 가지 경우 모두 반드시 목표를 조정해야 한다. 실제 실력과 목표 사이의 간극이 너무 넓다면, 목표는 동기를 부여하는 원천으로서의 강점을 잃어버린다. 학위를 마칠 때까지 받을 성적 평균을 4.5로 삼아 목표를 세웠는데 이미 첫 해에 이 목표를 달성했다면, 목표를 4.75나 5로 높이는 것을 고려해 봐야 한다.

앞서 설명했듯이 어떤 결과가 나오든 사전에 미리 준비하여 세부 목표를 달성하지 못해도, 자기비판과 부정적인 생각으로 가득한 하향곡선에 빠지지 않도록 해야 한다.

자신에게 목표를 상기시켜라

실제로 목표를 이루려면 끊임없이 자신에게 목표를 상기시켜야 한다. 까맣게 잊어버린 목표에는 아무런 힘이 없다. 그래서 많은 스포츠 심리학자들은 목표를 모두 적어 자주 볼 수 있는 곳에 두라고 권한다. 목표를 써내려 가는 동안 이미 우리는 목표를 강화시키고 있다. 목표를 적어 여러 장소에 둔다면 목표를 더 많이 강화시키는 것이 된다. 짐 캐리는 목표를 적은 종이를 지갑에 넣어 두어 매일 목표를 다시 상기하곤 했다. 올림픽 챔피언이자 동기부여 전문가인 에길 소비(Egil Søby)는 목표를 포스터에 적어 책상 위처럼 자주 볼 수 있는 곳에 걸어 두라고 말한다. 목표를 휴대전화나 컴퓨터의 새로운 바탕화면으로 설정하거나, 그 밖에 창의적인 방법을 사용할 수도 있다.

자기 자신을 위한 목표를 세워라 – 간단 요약

> 목표는 우리에게 추진력과 동기부여를 제공한다. 목표를 적어 자주 볼 수 있는 곳에 두어라.

> 주요 목표와 세부 목표를 비롯한 여러 가지 목표를 세워라. 목표를 추진하면서 필요할 때마다 조정하라.

> 현명한(SMART: 구체적인 Specific, 측정 가능한 Measurable, 원대한 Ambitious, 현실적인 Realistic, 시간 제한이 있는 Time limited) 목표를 세워라.

즐겨라

피터는 자동차 마니아로 자신의 차를 자랑스러워 한다. 자동차를 닦고 청소하고, 인터넷에서 멋진 자동차 부품을 사는 걸 좋아한다. 피터의 남동생인 마이클에게도 차가 있다. 하지만 그에게 차는 그저 교통수단일 뿐이다. 그는 백열전구를 바꾸거나 차를 닦아야 할 때마다 짜증이 난다.

어떤 사람이 다른 사람이 싫어하는 활동을 좋아하는 이유는 무엇일까? 정원 일이나 요리의 예를 들어 보기로 하자. 어떤 사람들은 이런 일을 하는 걸 정말 좋아한다. 이들에게 정원 일이나 요리는 기쁨을 가져다 주고 에너지가 샘솟게 하는 취미 활동이다. 하지만 다른 사람들은 이런 활동을 하는 걸 피곤해하고 그 시간에 다른 일을 하고 싶어 한다. 학교에서 하는 많은 활동도 마찬가지다. 어떤 학생은 새로운 것을 배우고 문제를 해결하는 데서 기쁨을 얻는다. 하지만 다른 학생들에게 공부는 의무적으로 해야 하는 일이자 필요악일 뿐이다. 이왕이면 모든 학생들이 학교 공부에서 즐거움을 얻을 수 있는 쪽이 훨씬 더 좋지 않을까? 아주 조금이라도 말이다.

공부하는 것이 의미 있는 일로 느껴져 실제로 재미있어지는 경지에 도달한다면, 더 많이 학습하게 될 뿐 아니라, 더 빨리 배우게 된다. 어떤 일을 하며 행복해하는 사람이 그 일을 훨씬 더 잘한다. 〈2005년 미국심리학회저널〉에 실린 기사에서는 이를 다음과 같이 설명한다. "수많은 연구 결과를 통해 만족할 줄 아는 사람들이 직장에서나 친구 관계를 비롯한 인간관계에서나 더 뛰어난 성과를 거둔다는 사실이 입증되었다. 돈도 더 잘 벌고 더욱 건강하다."

나는 공부하는 데서 더 많은 의미를 찾아내어 성공을 거둔 학생들을 워낙 많이 접했기 때문에 누구나 그렇게 될 수 있다고 전적으로 믿는다. 사람들이 조류 관찰, 비행기 이착륙 구경, 우표 수집에서 의미와 즐거움을 찾을 수 있다면 공부에서도 의미와 즐거움을 찾을 수 있을 것이다. 공부에서 의미와 즐거움을 찾는다면 앞서 언급한, 상대적으로 무의미한 활동을 하는 데서 얻는 것보다 훨씬 더 큰 보상을 얻게 될 것이다.

어떻게 하면 공부를 더욱 재미있게 할 수 있을까?

1 태도를 바꾸어라

어떤 활동에 대한 우리의 태도는 대체로 우리가 그 활동을 어떻게 인식하는가를 결정한다. 이미 지루하다고 생각하며 교재를 읽으려 한다면 공부를 지루한 것으로 인식할 가능성이 높다. 하지만 대신 자기 자신에게 "난 배우는 걸 좋아해. 내가 지금 읽을 책은 재미있고, 또 내 목표를 이루는 건 정말 중요한 일이지."라고 말한다면 훨씬 더 긍정적인 경험을 하게 될 것이다.

공부에 대한 내 인식이 완전히 바뀐 것은 고등학교 때 식당에서 일하면서부터였다. 나는 접시를 닦고 테이블을 정리하고 피자를 만들고 쓰레기를 갖다 버렸다. 유명한 식당이었지만 부엌이 작았고 할 일이 무척 많았다. 몇 시간 동안 한 번도 쉬지 않고 일한 적이 많았고, 집에 가기 전까지 얼마나 오래 일해야 하는지 안 적은 한 번도 없었다. 집에 돌아갈 때는 완전히 녹초가 되어 있었다. 이 경험은 내가 공부를 보는 시각을 되돌아보게 해 주었다. 교재를 읽거나 과제를 하는 일이 실은 전혀 나쁠 게 없다는 걸 알게 된 것이다. 자신에게 이런 암시를 해 보았자 아무것도 변하지 않는다고, 그래 봤자 현실은 여전히 변함없다고 말할 사람도 있을 것이다. 하지만 다행스럽게도 현실도 얼마든지 변할 수 있다. 우리가 현실을 어떻게 바라보는가를 결정하는 것은 우리의 생각이기 때문이다. 소리 내어 책을 읽는 것은 정말 효과가 있다. 마찬가지로 자신의 생각 역시 긍정적인 방향으로 이끌어 나갈 수 있다. 한번 시도해 보라!

2 다른 사람들과 함께 공부하라

다른 사람들과 함께 공부하는 것은 무거운 짐을 더욱 가볍게 만들고, 공부하는 것을 조금 더 즐겁게 만들 수 있다. 1부에서 언급했듯이 다른 사람과 함께 공부하는 것은 실력을 높일 수 있다는 장점도 있다. 다만 사람들과 어울리느라 공부 자체를 소홀히 하지 않도록 주의하라.

3 몰입 상태에 익숙해져라

'플로우(flow)'는 자신이 하는 일이 너무 즐거운 나머지 시공간을 잊어버리게 되는 몰입 상태를 말한다. 모든 신경이 자신이 하는 일에 집중되고 다른 사람, 방해 요소, 욕구마저 잊어버린다. 이런 상태에 있을 때는 노력과 만족감이 상승한다. 그리고 더욱 효율적으로 일하게 된다.

작가, 작곡가, 과학자, 예술가들은 자신이 하는 일에 빠져들어 플로우 상태에 도달하기 쉬운 사람들의 대표적인 예다. 하지만 복잡하고 방대한 상황에서 일하는 사람 역시 플로우 상태에 이를 수 있다. 누구나 자신도 알지 못한 채 수 차례 플로우 상태를 경험했을 가능성이 상당히 높다. 이와 같은 효율성과 만족감의 상태에 도달하려면 일에 온전히 몰입하는 자세가 중요하다. 방해 요소를 최대한 줄이고 자신이 하는 일의 진정한 주인이 되어라.

즐거라 – 간단 요약

> 흥미를 높이고 재미를 느낄 수 있다면 공부와 학습이 더욱 쉬워진다.

> 더 많은 재미를 느끼고 싶다면 태도를 바꿔야 한다. 스스로에게 공부하는 것이 정말로 좋다고 말하라. 효율적으로 공부한다는 전제하에 다른 사람들과 함께 공부하라. 방해 요소를 최소화하고, 하는 일의 진정한 주인이 되고 그 일에 완전히 빠져들어 '플로우' 상태에 진입하라.

자기 자신을 믿어라

호박벌의 날개는 거대하고 육중한 몸집에 비해 상대적으로 너무 작아서 사실상 호박벌이 날아다닌다는 것이 불가능할 정도다. 하지만 호박벌은 이 사실을 알지 못하기 때문에 다른 곤충들처럼 유유히 날아다닌다.

우리가 부딪히는 한계는 우리가 스스로에게 부과한 경우가 많다. 단점을 잊고 자기 자신을 믿는다면 앞으로 벌어지는 일에 깜짝 놀랄 날이 올 것이다. 우리에게는 장애물을 극복하고도 남을 만한 힘이 있고, 어쩌면 호박벌처럼 창조적인 해결책을 찾아낼지도 모른다. 호박벌은 날개를 일반적인 방식으로 움직이는 대신, 초당 약 200번에 걸쳐 8자 모양으로 움직인다. 덕분에 호박벌의 날개는 작은 프로펠러 역할을 하여 무거운 몸집을 들어 올리고 앞으로 나아가게 한다. 덕분에 호박벌이 날 수 있는 것이다.

자기계발 분야의 권위자인 나폴레온 힐은 "우리가 명석한 두뇌로 상상하고 믿을 수 있는 일은 실제 모두 성취할 수 있다."라고 말한 적이 있다. 자신의 능력과 자기 자신에 대한 믿음이 실력을 발휘하는 데 엄청나게 중요하다는 사실은 이미 널리 알려져 있다. 성공하려면 우선 자신이 할 수 있다고 믿어야 한다. 대회를 준비하는 운동선수건 공부하는 데 고전을 면치 못하는 학생이건 간에, 자기 자신과 자신의 능력을 믿어야 한다는 점은 무척 중요하다.

자기 자신을 믿으려면 자신감을 가지는 것이 가장 중요하다. 『동기부여와 정복 (Motivation and Mastery)』이라는 책에서 윈즈와 망제는 높고 현실적인 자신감은 무언가를 정복하는 데 반드시 필요하고, 자기 자신의 능력에 대한 믿음과 효율적인 기술은 실력을 높인다고 썼다.

지나친 자신감은 우리를 자만하게 하고 노력을 덜 하게 만든다. 이미 성공할 것임을 확신하기 때문이다. 하지만 낮은 자신감은 이보다 훨씬 나쁘다. 시도해 보지도 않고 포기한다는 뜻이기 때문이다. 이렇게 포기해 버리면 아무런 소용이 없다. 공부를 하면서 장애물에 부딪힐 때면 나는 "많은 사람들이 내가 겪은 이 장애물에 맞서 왔어. 이 문제를 해결하기 전에 그저 어렵다고만 생각했던 사람도 있을 거야. 나는 그런 사람들보다 결코 못하지 않아. 그러니까 나도 잘 해결할 거야."라고 스스로에게 말하곤 했다.

자기 자신에 대한 믿음을 강화하는 방법

"나는 나를 믿어" 라고 말하는 것은 실제로 자신을 믿고 자신감을 높이는 것보다 훨씬 더 쉽다. 하지만 이런 식의 자기 암시는 실제로 자기 자신을 믿는 데 도움이 된다. 특별히 효과적인 몇 가지 방법을 소개한다. 자기 자신에 대한 믿음을 높이기 위해 어려운 문제나 상황에 성공적으로 대처했던 시기를 되새겨 보아라. 예전에 어려운 문제를 성공적으로 해결한 적이 있으니 이번에도 다시 성공적으로 해결할 수 있다는 사실을 인식하라. 어려운 문제 및 상황의 목록을 작성하고 정기적으로 자신에게 목록을 상기시키는 시간을 가져라. 더불어 내가 한 방법을 시도해 보아라. 자신이 목표를 달성하게 만드는 것이 무엇인지 생각해 보는 것이다. 자신과 같은 사람들이 예전에 이 일에 성공을 거둔 적이 많은가? 그렇다면 우리도 할 수 있다. 낮은 자신감으로 스스로가 위축되게 하지 마라. 우리는 자신이 생각하는 것보다 훨씬 더 많은 일을 해낼 수 있다.

자기 자신을 믿어라 – 간단 요약

> 자기 자신을 믿어라! 자신의 능력으로 성과를 촉진하고, 능력을 발전시킬 수 있음을 믿어라.

> 자기 자신에 대한 믿음을 높이기 위해 자신이 어려운 과제나 상황을 극복한 시기를 떠올려 보아라. 더불어 목표를 달성하게 만드는 동기가 무엇인지 생각해 보고 자신과 비슷한 사람들이 예전에 같은 목표를 달성한 적이 있는지 물어 보아라. 우리도 할 수 있다.

긍정적으로 사고하라

불가능이란 세상을 바꾸기 위해 자신에게 잠재된 능력을 찾아 나서기보다, 주어진 세상을 좀 더 쉽게 살아가려는 작은 사람들 앞에 던져진 단어일 뿐이다. 불가능은 사실이 아니다. 견해일 뿐이다. 불가능은 선포하는 것이 아니다. 무릅쓰는 것이다. 불가능은 가능성이다. 잠시 지나가는 것일 뿐이다. 불가능, 그것은 아무것도 아니다.

—무하마드 알리

생각과 기대에는 엄청난 힘이 있다. 의학 분야에서도 널리 알려진 사실이다. 예를 들면, 연구 결과를 통해 어떤 유효 성분도 없는 약을 복용했으면서도 이 약이 진통제라는 말을 들은 사람들은 고통이 줄어든다는 것이 밝혀졌다. 만약 이 사람들이 같은 약에 두통이나 구토와 같은 부작용이 있다는 말을 들었다면 토하거나 두통을 호소하는 사람들도 있었을 것이다. 제약업계에서는 이를 위약 효과라고 부른다. 하지만 기대와 생각이 불러일으키는 이와 같은 효과는 업계 외부에서도 인지되어 왔다. 우리가 긍정적으로 사고하고 앞으로 성공할 것이라고 믿는다면 성공할 가능성이 높아진다는 연구 결과도 있다. 예를 들어 『동기부여와 정복』이라는 책에서 윈즈와 망제는 "우리가 특정한 훈련이 더 많은 도움이 된다고 믿을수록, 더 좋은 결과를 얻을 가능성이 높아진다."라고 쓰고 있다.

『낙관주의의 힘(The Power of Optimism)』이라는 책의 저자인 로이

맥기니스는 한 걸음 더 나아가 낙관주의자들은 학교에서만 뛰어난 능력을 보이는 것이 아니라, 더 건강하고 더 많은 돈을 버는데다 더 길고 행복한 결혼 생활을 누리고 아이들과 더 잘 지내고 더 오래 살기까지 한다고 주장한다.

스티브 챈들러는 『자신에게 동기부여를 하는 100가지 방법(100 Ways to Motivate Yourself)』에서 "스스로 어떤 목표를 세웠건, 긍정적으로 사고한다면 열 배는 더 빨리 목표를 달성할 수 있다."라고 적었다. 부정적인 사고는 우리의 에너지를 고갈시킨다. 우리가 해결책 대신 문제와 원치 않는 결과에 초점을 맞추게 한다. "이번 시험은 망칠 게 뻔해. 아는 게 하나도 없어."라고 생각하는 사람이 있다면 그 사람은 부정적으로 사고하는 것이다. 이 사람의 초점은 문제에 맞추어져 있다. 하지만 대신 "시험이 닷새밖에 안 남았는데 아직도 할 일이 있어. 어떻게 하면 되지?"라고 생각하는 사람은 긍정적으로 사고하는 것으로 이 사람의 초점은 해결책에 맞추어져 있다. 긍정적으로 사고한다는 것은 다른 사람들이 위기로 생각하는 상황 속에서 기회를 발견한다는 뜻이기도 하다. 긍정적인 사고에는 자신이 세운 목표에 에너지를 집중한다는 행위가 내포되어 있다.

더욱 긍정적으로 사고하는 방법

1 적절한 단어와 질문을 사용하라

우리의 생각은 우리가 사용하는 말과 자신에게 던지는 질문의 영향을 받는다. 자기 자신에게 "최고가 되려면 어떤 일을 해야 하지?"라고 물으면 잠재의식은 해답을 찾기 위해 노력한다. 자신에게 "나는 최고야. 나는 내가 원할 때 성공할 수 있어. 나는 힘든 상황에서 오히려 일을 더 잘해."라고 말한다면 무의식은 자신의 말대로 하기 위해 노력한다.

2 미소를 지어라

우리는 행복할 때 미소를 짓는다. 따라서 우리의 몸은 미소를 긍정적인 것과 연결 지어 생각한다. 이 책의 1부에서 설명한 대로 이 관계는 양쪽 모두에 적용된다. 그러므로 억지 미소도 우리를 더 낙관적으로 만들고 더욱 기분이 좋아지게 한다.

3 긍정적인 사람들과 어울려라

우리는 옆에 있는 사람들의 관점에서도 영향을 받는다. 태도는 주변에 전염될 수 있다. 그러므로 긍정적인 사람들과 함께 어울려라.

위기를 예상하라

이 시점에서 강조해야 할 사항이 있다. 긍정적으로 사고한다는 것은 매사를 좋게만 보라는 뜻이 아니다. 목표를 향해 나아가면서 어려움이 생길 수도 있음을 각오해야 한다. 미국 역사상 가장 위대한 대통령 중 한 명인 아브라함 링컨은 사업가로 두 번의 실패를 겪고, 미국 의회 선거에서 네 번이나 패했다. 진정한 낙관주의자는 아무런 장애도 겪지 않고 그저 성공하기만 할 것이라고 예상하지 않는다. 진정한 낙관주의자는 위기에 맞설 준비를 하면서도 결코 위기에 초점을 맞추지 않는다. 진정한 낙관주의자는 위기가 닥치면 앞날을 내다보며 해결책을 찾으려 한다. 진정한 낙관주의자는 문제가 아니라 해결책에 집중한다.

긍정적으로 사고하라 - 간단 요약

> 긍정적으로 사고하라. 부정적인 사고는 우리의 에너지를 앗아간다. 긍정적인 사고는 성공 가능성을 높인다.

> 더욱 긍정적으로 사고하기 위해 적절한 단어와 질문을 사용하라. "나는 최고야. 어떻게 하면 문제를 해결할 수 있을까?"라고 말하라. 미소를 지어라. 그리고 긍정적인 사람들과 어울려라.

> 위기를 예상하되 위기에 초점을 맞추지는 마라.

초조함과 스트레스 극복하기

스트레스와 초조함은 우리가 공부하는 것을 필요 이상으로 어렵게 만들고, 좋은 실력을 발휘할 수 없게 한다. 따라서 스트레스와 초조함을 최소화하거나 이를 극복하는 방법을 아는 것이 중요하다.

스트레스

스트레스는 해야 할 일은 너무 많은데 일할 시간이 너무 없을 때 생기는 감정을 말한다. 하지만 스트레스라고 해서 전부 다 부정적인 것만은 아니다. 사소한 스트레스는 두뇌로 더 많은 혈액이 흘러가게 해 심장이 더 빨리 뛰게 한다. 두뇌에 더 많은 산소를 전달하고 더 빨리 숨을 쉬게 만든다. 따라서 스트레스는 우리를 긴장하게 하고 더 집중하게 하며 더욱 분발하게 한다. 만약 버스를 놓칠까 봐 겁이 난다면 버스를 향해 달려갈 것이다. 무언가를 굉장히 두려워하면 신체는 근육으로 아드레날린을 분비해, 버스를 놓칠까 봐 평소보다 훨씬 더 빨리 달리는 것같이 더 많은 일을 할 수 있게 만든다. 따라서 시험을 맞아 약간의 스트레스를 받는 것은 사실상 더 나은 실력을 발휘할 수 있게 해 준다.

하지만 언제나 스트레스에 시달리거나 지나치게 많은 스트레스를 받으면 스트레스로 인한 역효과가 생긴다. 우리가 끊임없이 사용하고 휴식을 취하지 않아 근육을 혹사시키듯이, 스트레스는 우리 몸

을 혹사시킨다. 스트레스와 실력 발휘와의 관계는 다음과 같은 그래프로 표현할 수 있다

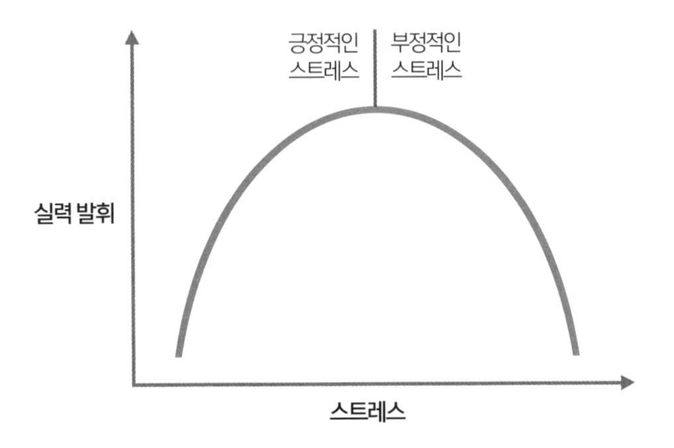

다음은 스트레스를 극복하는 방법이다.

세 가지 기법이 스트레스를 극복하는 데 도움이 된다.

1) 문제의 핵심적인 요소를 해결하라.

더 많은 자유 시간을 확보하거나, 해야 할 일의 규모를 줄일 수 있는지 살펴보라. 하는 일을 여러 개의 작은 부분으로 나눌 수는 없을까?

2) 마감일을 연장하거나 더욱 현명한 방식으로 일을 진행할 수도 있다. 다른 사람의 도움을 받거나 함께 일하는 방법도 있다.

3) 마음을 차분히 가라앉혀라. 자신에게 스트레스를 주지 않도록 하라. 스트레스 대신 다른 무언가에 대해 생각하라. 명상, 복부로 하는 심호흡, 짧은 낮잠과 같은 긴장 완화 기법을 시도하라.

스트레스를 대하는 긍정적인 태도를 개발하라. 연구 결과에 따르면 스트레스를 긍정적인 것(내가 앞서 말한 바와 같다)으로 파악하면 스트레스가 줄어들고 자신감이 커지게 돼, 신체에 부담을 덜 주게 된다고 한다. 3만 명의 미국인을 8년 동안 연구한 결과, 스트레스를 겪으면서도 이를 긍정적으로 바라보는 사람은 스트레스를 부정적으로 바라보는 사람보다 더욱 건강하고 오래 살았다고 한다. 연구원들은 이를 바탕으로 매년 미국에 사는 2만 명 이상의 사람들이 스트레스 자체가 아니라 스트레스를 부정적인 것으로 인식하는 사고방식으로 말미암아 사망하게 된다는 결론을 내렸다. 하버드 대학에서 시행한 또 다른 연구에서는 학생들에게 스트레스가 심한 과제를 수행하게 했다. 학생 중 절반은 스트레스가 위험한 것이라는 말을 듣고, 나머지 절반은 스트레스는 긍정적인 것이라는 말을 들었다. 그 결과, 스트레스가 긍정적인 것이라는 말을 들은 학생들은 더 높은 자신감을 보였고 스트레스의 영향도 적게 받았다. 생리학적 검사를 통해 우리가 기쁨을 느끼거나 용감해지거나 할 때 신체도 우리의 감정에 반응한다는 결과가 입증되었다. 반면 스트레스가 부정적인 것이라는 말을 들은 학생들의 경우, 신체에서 혈관이 수축되는 반응이 나타났다. 혈관이 수축되면 심장에 무리가 올 수 있다.

초조함

초조함은 잘 해내지 못할까 봐 불안해하는 데서 비롯된다. 초조함은 근본적으로 '미리 앞당겨 슬퍼하는' 행위와도 같다. 성공하지 않을 가능성이 있다고 생각하기 때문에 자연히 의욕도 사라지고 슬픔에 잠기게 된다. 하지만 약간의 초조함은 약간의 스트레스와 마찬가지로 유익하다. 집중력을 높여 성공하는 데 초점을 맞추게 하기 때문이다. 초조함은 "알이 부화하기 전에 닭의 개수를 세지 말라"는 말에 비유할 수 있다. 하지만 반드시 좋은 결과를 얻기 위해 최선을 다해야 할 때는 지나친 초조함이 실력을 발휘하지 못하게 하는 걸림돌이 된다. 힘이 모조리 빠져나가게 하고, 그릇된 방향에 초점을 맞추게 한다.

> 초조함을 극복하는 여섯 가지 방법

1 생각을 통제하라 | 부정적인 생각이 들 때는 사실 우리가 부정적으로 생각하기로 선택한 것이나 마찬가지다. "만약에 이런 일이 생기면 어쩌지?", "만약 이렇게 되면 어떻게……"이라고 생각하기 시작하면 우리는 초조해지고 만다. 하지만 우리는 스스로 자신의 생각을 통제하여 초조함을 줄일 수 있다. '미리 앞당겨 슬퍼하지 않도록' 노력하자. 부정적인 생각이 머릿속을 가득 채울 때는 다른 생각을 하기로 결심하자. 초점을 바꾸어라. 스스로에게 "난 잘할 수 있어. 최선을 다할 거야."라고 말하라.

2 준비하라 | 자료를 철저히 파악하고 성실히 준비하면 실패 가능성이 줄어든다. 자신이 잘하고 있고, 실패할 가능성이 거의 없다는 사실을 알게 되어 초조함도 줄어든다. 따라서 성실한 준비에는 두 배의 긍정적인 효과가 있는 셈이다.

3 불확실성을 줄여라 | 시험 형식과 규칙, 시험 평가 방식을 아는 것은 안정감을 주어 초조함을 줄어들게 한다. 따라서 사전에 세부 사항을 미리 알아 두는 것이 좋다.

4 시각화 | 시각화는 1960년 이후 미국에서 스포츠 심리학자들이 사용하는 기법이다. 이 기법은 실력 발휘의 순간을 시각화하는 데 근간을 둔다. 방해 받지 않는 장소에 앉아 눈을 감아라. 방에 들어가 자리에 앉아 있는 자신의 모습을 상상하라. 다른 학생들이나 시험 감독처럼, 자신의 옆에 있는 대상을 시각화하라. 처음부터 끝까지 시험 보는 과정 전체를 낱낱이 훑어보아라. 최상의 실력을 발휘하는 모습을 상상하라. 약 10분에 걸쳐 시각화를 한 다음 같은 과정을 10번에서 15번 반복하라. 자신이 잘 모르는 주제가 나오거나 정신적 블록(감정적 요인으로 생각 · 기억이 차단되는 것)을 겪거나 갑자기 계산기가 고장 나는 것 같은 문제가 생긴다면 어떻게 할지 미리 생각해 보아라. 실제로 이런 일이 생긴다면 예전에 경험한 상황인 것 같은 느낌이 들 것이다.

5 호흡법 | 좋은 호흡법은 초조함에 맞설 수 있게 돕는다. 복식호흡을 하라. 길게 심호흡하라. 근육의 긴장을 풀고 자신을 이완시켜라.

6 운동을 하고 휴식을 취하라 | 운동과 다른 물리적 활동은 우리가 공부 아닌 다른 곳에 생각을 집중할 수 있게 한다. 뿐만 아니라 운동은 두뇌에 엔도르핀이 생기게 해 더욱 기분이 좋아지게 한다.

초조함과 스트레스 극복하기 - 간단 요약

> 약간의 스트레스는 오히려 좋다. 더 많은 에너지가 생기게 하고 실력을 더 잘 발휘하게 한다.

> 해로운 스트레스를 줄이기 위해 문제의 핵심을 파악하고 일의 양을 줄여라. 더 많은 휴식 시간을 확보하거나 더욱 효율적으로 일하라. 마음을 차분히 가라앉혀라. 복식호흡을 하고 명상 같은 긴장 완화 기법을 사용하라.

> 초조함을 가라앉히고 싶다면 긍정적으로 사고하고, 실패 가능성을 최소화할 수 있도록 충분히 준비하고, 시험 과정에 익숙해져 불확실성을 줄여라. 실력을 발휘하는 순간에 성공적으로 대처하기 위해 시각화 기법을 사용하고 심호흡하라.

자기 훈련

한 사람을 다른 사람보다 더욱 돋보이게 하고, 다른 사람이 하찮은 곤경 속에서 허우적거릴 때 그 사람을 더 높은 열망을 꿈꾸게 하는 열쇠는 재능도 아니고 정규 교육도 아니고 뛰어난 지성도 아니다. 바로 자기 훈련이다. 자기를 훈련하는 사람은 무엇이든 다 할 수 있다. 자기 훈련이 되지 않는 사람에게는 가장 단순한 목표조차도 그저 불가능한 꿈에 지나지 않는다.

—시어도어 루스벨트, 전 미국 대통령

자기 훈련은 목표를 달성하기 위해 아무리 지루하거나 힘들더라도 필요한 일을 하는 힘을 말한다. 자기 훈련은 햇살이 밝게 빛나더라도 내일 중요한 시험이 있기 때문에 밖으로 나가지 않고 교재를 끌어당기게 한다. 자기 훈련은 우리를 자리에 앉아 집중하게 만들고, 페이스북이나 이메일, 휴대전화를 확인하고 싶은 유혹을 물리치게 한다. 자기 훈련은 그러면 안 된다는 걸 알기 때문에 슈퍼마켓의 캔디 진열대를 아무것도 사지 않고 지나가게 만든다. 자기 훈련은 알람시계가 고장 났을 때도 삼십 분을 더 자는 대신 잠에서 깨어나게 한다.

인생은 지금을 살아가는 것과 현재를 희생하는 것이라는 양 극단에서 생기는 무게감 사이에서 끊임없이 균형을 맞춰 가는 행위이다. 이 두 극단에서 균형을 맞추는 것이 자기 훈련의 전부라고 해도 과언이 아니다. 친구들과 어울려 노는 대신 도서관에 가는 일처럼 오늘 무언가를 희생하여 미래에 좋은 성적이나 근사한 일자리 제안과 같은 열매를 거둘 수 있다.

자기 훈련이 잘 된 사람들이 그렇지 않은 사람들보다 더욱 성공적인 삶을 산다는 것이 몇 가지 연구에서 증명되었다. 가장 유명한 사례는 스탠포드 대학의 심리학자 월터 미셸이 1960년대와 1970년대에 수 차례에 걸쳐 실시한 연구일 것이다. 이 연구에서 미셸은 한 그룹의 아이들에게 두 가지 선택권을 주었다. 아이들은 당장 한 개의 마시멜로를 먹거나, 약 15분 동안 기다린 다음 두 개의 마시멜로를 먹을 수 있었다. 연구 결과 자기 훈련을 통해 15분을 기다렸던 아이들은 학교에 들어가서도 시험을 더 잘 보았다. 몸이 더 건강한 것을 비롯해, 다른 다양한 영역에서도 더욱 뛰어난 성과를 보였다.

그러므로 우리는 자기 훈련을 실천하여 스스로 생각한 일을 해내는 데서 틀림없이 이익을 얻을 수 있다. 숙제를 끝내기로 결심했다면 그렇게 하라. 여기에 자기 훈련의 가장 위대한 진리가 담겨 있다. 대부분의 사람들은 자신이 무엇을 해야 하는지 알 만큼은 똑똑하다. 하지만 그렇게 해야 한다는 사실을 아는 것과 실제로 그 일을 한다는 것은 별개의 문제다. 그렇다면 이제부터 자기 훈련을 더 잘할 수 있는 방법을 살펴보도록 하자.

자기 훈련이 작동하는 방식

자기 훈련은 근육을 만드는 과정에 자주 비교된다. 자기 훈련은 얼마든지 연습할 수 있고 연습을 통해 더욱 잘하게 될 수 있지만, 그러다 오히려 지나치게 혹사당할 수도 있기 때문이다. 사람들에게는 저마다 일, 공부, 운동, 식사, 이 밖의 다른 분야에 분배할 수 있는 자기 훈련의 분량이 일정하게 정해져 있다는 결과가 몇 가지 연구에서 나왔다. 예를 들어 금연을 하고 있는 사람은 아마도 담배를 피우지 않기 위해 자기 훈련의 상당 부분을 사용하고 있을 것이다. 동시에 여러 가지 다른 일로 자신을 훈련하기란 대단히 어려운 일이다.

플로리다 주립대학의 로이 바우마이스터가 실시해 1998년에 『개성 및 사회 심리 저널』에서 발표한 연구결과에서도 이 사실을 뒷받침하고 있다. 이 연구에서는 67명의 사람들을 방에 따로 모이게 했다. 방에 모인 사람들 앞에는 두 개의 그릇이 놓였다. 한 그릇에는 갓 구운 초콜릿 쿠키와 사탕이 있었다. 다른 그릇에는 무가 있었다. 연구에 참여한 약 절반가량의 사람들은 쿠키와 사탕이 있는 그릇에서 꺼내 먹어도 된다는 말을 들었다. 다른 절반의 사람들은 사탕은 만지지 말고 무만 먹을 수 있다는 말을 들었다. 이 연구의 목적은 무만 먹을 수 있다는 말을 들은 사람들이 자기 훈련을 실천하여 사탕을 먹지 못하게 하는 것이었다. 연구에 참여한 모든 사람들이 자기 훈련에 성공했다. 그런 다음 이들 중 8명의 사람들은 다른 방으로 이동해 30분 동안 어려운 문제를 풀었다. 문제에는 사실 정답이 없었지만 연구 대상자들은 이 점을 알지 못했다. 사탕을 먹어도 좋다는 말을 들어 자기 훈련의 에너지를 소모할 필요가 없었던 사람들은 평균 약 19분 정도 인내하다가 문제를 포기했다. 반면 사탕을 먹지 못하게 되어 자기 훈련을 이미 실시한 사람들은 8분 만에 포기해 버리고 말았다.

자기 훈련에서 생기는 어려움을 해결하는 5가지 방법

앞서 살펴봤듯이 자기 훈련이 제한된 자원임을 알려주는 근거는 상당히 많다. 따라서 자기 훈련이 필요한 부분이 많다면 가장 중요한 부분에 투자하는 것이 가장 현명하다. 하지만 이는 단기간의 해결책일 뿐이다. 자기 훈련에서 생기는 어려움을 해결하려면 자기 훈련을 끊임없이 개발하여 더 높은 수준에 도달하도록 노력해야 한다.

1 자기 훈련을 연습하라

일하는 동안 똑바른 자세로 앉아 있는 연습을 매일 하는 것처럼 아주 간단한 일을 통해서도 전반적인 자기 훈련 능력이 발전되는 것으로 나타났다. 따라서 실제로 정말 필요하지 않을 때라도 규칙적으로 자기 훈련을 연습해 보기 바란다.

2 자신을 돛대에 묶어 선택을 제거하라

자기 훈련에서 생기는 어려움을 해결하는 또 다른 방법은 아예 선택의 여지를 없애 문제를 피하는 것에 기반을 둔다. 자기 훈련에서 생기는 어려움 자체를 피하는 것에 관해 가장 잘 알려진 이야기는 아마 오디세우스의 이야기일 것이다. 수천 년 전 오디세우스는 배를 타고 여행하며 아름답고 매혹적인 요정 사이렌의 옆을 지나가야 했다. 그런데 사이렌은 아름다운 노래로 선원들을 유혹해 죽음에 이르게 하는 것으로 유명했다. 오디세우스는 자신이 아름다운 노래에 저항할 수 없다는 것을 알고 있었기에 자기 훈련을 실천하여 자기를 아예 돛대에 묶어 버렸다. 사이렌의 노랫소리를 듣자 그는 자신이 죽음의 문턱으로 가게 될 거라는 사실을 알면서도 노래를 따라가고 싶었다. 하지만 돛대에 묶여 있었기 때문에 따라갈 수가 없었다. 그래서 어려움을 피하고 사이렌 요정을 지나쳐 살아남았다.

오디세우스처럼 하라. 아예 선택의 가능성이 전혀 없게 하라. 반드시 아침 일찍 일어나고 싶다면 간단한 문제를 풀어야 알람이 멈출 수 있는 알람시계 프로그램을 휴대전화에 다운받아라. 아니면 친구와 같이 버스를 타고 수업에 갈 약속을 정하라.

3 유혹을 제거하라

당신이 만약 담배를 끊으려 애쓰고 있다면 주머니에 담배 한 갑을 넣고 다니겠는가? 어떤 일을 피하기 위해 자기 훈련을 실천하는 좋은 방법은 우리를 힘겨운 상황으로 밀어 넣는 유혹 자체를 제거하는 것이다. 공부하는 동안 절대로 페이스북을 확인하지 않도록 휴대전화나 컴퓨터에 이런 유혹을 차단하는 프로그램을 다운받아라. 더 확실한 방법은 공부할 때 아예 휴대전화나 컴퓨터를 사용할 수 없게 하는 것이다. 휴대전화를 무음으로 설정하거나 가방에 넣어 두어라.

4 동기부여와 목표를 사용하라

살을 빼는 데 아주 강력한 동기부여가 형성되어 있다면 디저트를 먹지 않겠다고 말하고 자기 훈련을 실천하기 더욱 쉽다. 마찬가지로 유혹에 흔들릴 때 자기 자신을 위해 세운 목표를 떠올리면 자기 훈련을 실천하는 데 필요한 의지력을 더욱 강하게 다질 수 있다. 목표를 글로 적는 것도 도움이 된다. 나는 자신이 살을 빼야 하는 모든 이유를 적어 놓은 목록을 가지고 다닌 한 여성을 알고 있다. 그녀는 음식을 먹고 싶은 유혹에 빠질 때마다 지갑에서 미리 적어 놓은 목록을 꺼내 목표를 되새겼다. 이 행동은 그녀가 좋은 선택을 하도록 이끌었고, 그녀는 결국 무려 45kg 이상을 감량했다.

5 좋은 습관을 형성하라

매일 아침 훈련을 연습하는 데 익숙해진 사람은 자기 훈련을 따로 연습할 필요가 없다. 좋은 습관을 형성하면 좋은 선택은 자연히 따라오게 마련이다. 습관에 대해서는 다음 장에서 더 논의할 것이다.

자기 훈련 – 간단 요약

> 자기 훈련이 잘 되어 있는 학생들은 다른 학생들보다 더 뛰어난 능력을 선보인다.

> 사람들에게는 날마다 일, 연구, 운동, 식사 및 다른 분야에 분배할 수 있는 자기 훈련의 일정 분량이 따로 정해져 있다. 하지만 자기 훈련을 개발하여 나눌 수 있는 분량을 더 늘릴 수 있다.

> 자기 훈련에서 생기는 전반적인 문제를 해결하려면 '자기 자신을 돛대에 묶고' 다른 모든 선택지와 유혹을 제거하며 자기 자신에게 목표를 상기시키고 좋은 습관을 형성해야 한다.

이기는 습관

대단히 훌륭한 실력을 발휘하는 사람들은 사소한 디테일에 강하다. 사람들이 해로운 습관을 형성하기 쉬운 영역에서 좋은 습관을 개발하며, 날마다의 일상에서 작고 구체적인 문제 앞에 더욱 현명하게 선택하는 능력이 탁월하다. 이것은 재능의 문제가 아니다. 선택의 문제다. 이런 작은 선택의 총합의 차이는 어쩌면 하루하루로 따져보았을 때 그리 크게 느껴지지 않을지 모른다. 하지만 시간이 흐르고 하루, 한 달, 일 년이 지나면서 그 차이는 어마어마한 것으로 변한다. 자기 훈련은 선천적으로 타고나는 능력이 아니며, 누구나 자기 안에 잠재력을 가지고 있다. 당신도 마찬가지다.

—에릭 버트랜드 라르센의 『정신 훈련을 통해 최고가 되기』 중에서

좋은 습관의 중요성은 주로 삶의 후반부에 이른 사람들에게서 뚜렷하게 나타난다. 하지만 학교에서 공부를 매우 잘하는 학생에게도 마찬가지의 원리가 적용된다. 아직 충분히 여유가 있을 때는 좋은 습관이 무언가를 잘하기 위해 반드시 필요한 조건으로 보이지 않는다. 형편없는 공부나 수면, 식사, 운동 습관이 있는데도 불구하고 성공한 학생들의 예는 무척 많다. 하지만 일이나 운동에서 혹은 공부에서 높은 열망을 추구하며 분주한 삶을 살아갈 때는 좋은 습관이 무척 중요해진다. 어쩌면 필수적일지도 모른다. 최고가 되려

한다면 일상생활에서 반드시 올바른 선택을 해야 한다. 우리가 만들 수 있는 좋은 습관의 한 가지 예는, 아침 8시부터 오후 4시까지와 같이, 날마다 일정한 시간에 공부하는 것이다. 또 다른 예는 매일 저녁 한 시간 동안 다음날 수업을 준비하는 것이다. 수면, 식사, 운동 역시 좋은 습관의 혜택을 받을 수 있다.

안타깝게도 좋은 습관은 하루아침에 생기지 않는다. 천천히 쌓아 올려야 하는데, 여기에서 가장 어려운 문제가 생긴다. 좋은 습관을 만드는 것은 마치 일하는 것처럼 느껴지기도 한다. 우리가 알지 못하는 새로운 것에 익숙해져야 하기 때문이다. 새로운 음식에 익숙해지는 과정이 어떤지 생각해 보라. 채소와 샐러드, 커피와 와인은 처음 맛볼 때 대체로 쓴맛이 난다. 그런데 지금 이런 음식을 생각해 보면 어떤 느낌이 드는가? 수업을 마치자마자 숙제를 하거나 여덟 시간 동안 생산적으로 공부하기 위해 휴대전화와 텔레비전을 꺼두는 것은 그렇게 어려운 일만은 아니다. 하지만 분명 처음에는 고통스럽게 느껴질 것이다.

새로운 습관을 형성하는 방법

연구를 통해 한 사람이 새로운 습관을 형성하는 데 일반적으로 두 달이 걸린다는 점이 밝혀졌다. 새로운 습관이 자리 잡게 하려면 자기 훈련을 오랫동안 꾸준히 실천해야 한다. 따라서 좋은 습관을 만드는 비결은 작은 것에서 출발하는 데 있다. 한 번에 너무 여러 가지 습관을 만들려고 하지 마라. 그렇게 하면 자기 훈련의 가용 에너지를 낭비하게 될 뿐임을 명심하라. 한 번에 두세 개의 습관을 선택한 다음 조금씩 늘려가라. 예를 들어 잠들기 전에 텔레비전을 시청하는 대신 책을 읽고 싶다면 우선 일주일에 하루, 그 다음에는 이틀, 이런 식으로 늘려나간다. 좋은 습관을 만들기 위해 동기부여와 태도의 장에서 언급한 보상의 전략을 사용해 볼 수도 있다. 예를 들어 좋은 습관 하나를 만들자마자 자신이 원하는 걸 사 주겠다고 스스로에게 이야기해 보라. 어떤 일을 아주 많이 해 보면 그 일을 자동적으로 할 수 있게 된다. 더 이상 어떻게 하는지 생각하지 않아도 된다. 좋은 습관을 만들어 자동화하고, 대신 생각하는 능력은 다른 일에 사용하라.

이기는 습관 – 간단 요약

> 좋은 습관은 그냥 잘하기만 하는 학생과 아주 탁월한 학생을 구별 짓게 하는 특성이다. 오래 지속되는 새로운 습관을 만들려면 반드시 두 달 동안 '버틸' 각오를 해야 한다. 두 달이 지나면 새로운 습관이 만들어진다. 그때까지 버티려면 상당한 수준의 자기 훈련이 필요한데 이 자기 훈련은 제한적인 자원이기 때문에 한 번에 여러 가지 새로운 습관을 만들려 해서는 안 된다.

3 요점 사항

> 동기부여가 전부다. 자기 자신에게 동기를 부여하려면:

① 공부하는 내용에서 즐거움과 흥미를 찾으려 노력하라.

② 자기 자신을 위한 목표를 세워라.

③ 어려운 일을 정복하고 좋은 결과를 얻고 난 후에 생길 긍정적인 감정을 떠올려라.

④ 자기 자신에게 보상하라.

⑤ 공부를 하나의 경쟁 분야로 파악하여 경쟁 심리를 일깨워라.

> 자신의 학습 능력과 실력 발휘에 대한 책임을 감수하라. 어려움 앞에서 투덜거리기보다 창의적으로 사고하여 어려움을 극복할 방법을 찾아라.

> 목표는 원동력과 동기부여가 생기게 한다. 목표를 글로 적어 자주 볼 수 있는 곳에 두어라.

> 현명한(SMART: 구체적인 Specific, 측정 가능한 Measurable, 원대한 Ambitious, 현실적인 Realistic, 시간 제한이 있는 Time limited) 목표를 세워라.

> 자기 자신을 믿어라. 자신의 기술로 성과가 높아진다는 것, 기술을 발전시킬 수 있다는 것을 믿어라.

> 긍정적으로 사고하라. 위기를 예상하되 이에 초점을 맞추지는 마라.

> 가벼운 스트레스는 오히려 좋다. 더 많은 힘이 생기게 하고 실력을 더 잘 발휘할 수 있게 해 준다.

> 유해한 스트레스를 줄이려면 문제의 근본부터 파악하고 일의 분량을 줄여야 한다. 더 많은 자유 시간을 확보하거나 더욱 효율적으로 일하라. 마음을 차분히 가라앉혀라. 복식호흡을 하고 명상과 같은 긴장 완화 기법을 시도해 보라.

> 자기 훈련이 잘 되어 있는 학생들은 다른 학생들보다 더 공부를 잘한다. 자기 훈련은 얼마든지 개발할 수 있다.

> 좋은 습관은 잘하는 학생과 최고의 학생을 구별 짓게 하는 특성이다. 오래 가는 새로운 습관을 만들려면 반드시 두 달 동안 '버틸' 각오를 해야 한다. 두 달 후에 새로운 습관이 만들어진다. 단 버티려면 자기 훈련이 필요한데 이 자기 훈련은 제한적인 자원이므로 한 번에 여러 가지 새로운 습관을 만들려 해서는 안 된다.

닫는 글

북유럽에서 보내 온 공부 상자 열기

이 책은 내가 학습 효과를 증진하고 좋은 성적을 거두는 데 기여한다고 믿는 모든 정보를 담고 있다. 이 모든 정보의 근간이 되는 세 가지 요소는 효율적으로 공부하고, 최상의 실력을 발휘하고 긍정적으로 사고하는 것이다. 경험상 다른 과목에는 각기 다른 관점의 노력과 기술이 필요하다. 로사이 시스템이나 마인드매핑과 같은 기술이 항상 성공을 보장한다고 주장하는 사람들도 있다. 하지만 나는 유용한 전략을 담은 일종의 도구 상자를 제공하고 각 전략의 장·단점을 공유하는 것을 목표로 삼았다. 그러므로 어떤 기술을 사용하고 또 언제 사용할지 결정하는 것은 전적으로 독자 여러분의 몫이다. 필기의 기술이나 목표 설정과 같은 일부 기술은 특별한 노력 없이 바로 사용할 수 있다. 하지만 속독법과 같은 기술을 학습하는 데는 한 달 이상 시간이 걸리기도 한다. 그러므로 자신이 투자할 수 있는 시간 사이에서 균형을 찾아야 할 것이다.

나는 어떤 경우든 많은 독자들이 이 책에 소개된 공부법을 실천하고 이에 익숙해지길 바란다. 충분히 그럴 만한 가치가 있다. 자기 자신을 발전시키려 노력해 온 5천 명의 사람들을 대상으로 한 연구에서는 자신의 상황과 장·단점에 맞추어 타인의 조언을 받아들인 사람들이 훨씬 더 큰 성공을 거둔다는 결과가 나왔다.

이미 여러 번 언급했듯이 우리는 시간이 지나면 차츰 잊어버린다. 그러므로 이 책을 가장 잘 활용하기 위해 정기적으로 복습하는 방법을 추천하는 바다. 각 장 말미에 요약 정리를 해두어 독자들이 쉽게 복습할 수 있도록 도왔다.

마지막으로 당신은 자신이 생각하는 것보다 훨씬 더 많은 일을 할 수 있고, 높은 실력을 키울 수 있고, 스스로의 미래를 창조할 수 있다는 사실을 명심하기 바란다. 당신 안에는 이미 당신에게 필요한 모든 능력이 있다. 이제 그 능력을 꺼내어 사용하기를 바라기만 하면 된다. 건투를 빈다!

참고 문헌

데이비드 알렌, 공병호 역, 2011, 『끝도 없는 일 깔끔하게 해치우기(Getting Things Done)』 21세기북스.

Altman, Rick. (2012). Why Most PowerPoint Presentations Suck … and how you can make them better. Rick Altman.

Asbjørnsen, Dag and Arnt Maasø. 2009. Bachelor book: survival guide for students (Bachelorboka: overlevelsesguide for studenter). 1st edition Oslo: Universitetsforlaget.

Barrass, Robert. 2002. Study!: A Guide to Effective Learning, Revision and Examination Techniques. 2nd edition London, England: Routledge.

Baumeister, et al. (1998). Ego depletion: Is the active self a limited resource? Journal of Personality and Social Psychology, 74(5), 1252~1265.

Beale, Abby Marks and Pam Mullan. 2008. The Complete Idiot's Guide to Speed Reading. Alpha Books.

By, Oddbjørn. (2011) Memo: The Easiest Way to Improve Your Memory. Australia. Lunchroom Publishing.

Chandler, Steve. 2004. 100 Ways to Motivate Yourself: Change Your Life Forever. Revised edition. Franklin Lakes, NJ, USA: The Career Press, Inc.

Creer, et. Al. (2010). Running enhances spatial pattern separation in mice. Proceedings of the National Academy of Sciences of the United States of America.

Davies, Jason A. 2008. 6 Days To Better Grades: Powerful Study Advice For All College Students. CreateSpace Publishing.

에드워드 L. 데시, 리처드 플래스트, 이상원 역, 2011, 『마음의 작동법(Why We Do What We Do)』 에코의 서재.

Fiore, Neil. 2007. Awaken Your Strongest Self. McGraw-Hill.

Frank, Stanley. 2003. The Evelyn Wood Seven-Day Speed Reading and Learning Program. Fall River Press.

Fry, Ron. 2005. How to Study. 6th edition Delmar Cengage Learning.

Galloway, Ron. (2011). Rethinking PowerPoint: Designing & Delivering Presentations That Engage The Mind. Method Content LLC.

Greenberg, Michael. 2009. Painless Study Techniques (Barron's Painless). Hauppauge, NY, USA: Barron's Educational Series, Inc.

Hatlem, Ragnar. 1997. How to get better grades (Hvordan å bedre karakterer). 2nd edition Hatlem Studiekonsult.

Hatlem, Ragnar. 2010. Effective learning (Effektiv læring). 5th edition Isis forlag.

Higbee, Kenneth L. 2001. Your Memory: How It Works and How to Improve It. 2nd edition Da Capo Press.

Kern, Harris. 2003. Discipline: Training the Mind to manage your Life. AuthorHouse.

Krog, Annie (translator). 2011. Think yourself smart: (Tenk deg smart:) 50 tips & exercises (50 tips & øvelser). Horten: Publicom.

Kump, Peter. 1998. Breakthrough Rapid Reading. Prentice Hall Press.

Larssen, Erik Bertrand. 2012. Be best with mental training (Bli best med mental trening). 1st edition Oslo: Stenersens forlag.

해리 로레인, 제리 루카스, 양영철 역, 2008, 『뇌를 웃겨라(The Memory Book)』 살림Life.

Lyubomirsky, et Al. (2005). The Benefits of Frequent Positive Affect: Does Happiness Lead to Success? Psychological Bulletin 2005, Vol. 131, No. 6, 803~855.

Martinsen, E W. 2000. Physical activity for the mind's health (Fysisk aktivitet for sinnets helse) http://tidsskriftet.no/article/198276/

Myers, David G. Psychology Seventh Edition in Modules. 2004. New York, NY, USA: Worth Publishers.

칼 뉴포트, 김정아 역, 2011, 『대학성적 올에이 지침서(How to Become a Straight-A Student)』 롱테일북스.

O'Brien, Lina. 1999. How To Get Good Grades In Ten Easy Steps. Woodburn Press.

OrdóĐez, Lisa D., et al. (2008). Goals Gone Wild: The Systematic Side Effects of Over-Prescribing Goal Setting. Working Paper. Harvard Business School.

루시 조 팰러디노, 조윤경 역, 2009 『포커스 존(Find Your Focus Zone)』 멘토르.

케리 패터슨 외, 박슬라 등역, 2012 『어떻게 바꿀 것인가?(Change Anything)』 21세기북스.

Randel, Jim. 2010. The Skinny on Creativity: Thinking Outside the Box. Westport, CT, USA: Rand Media Co.

Randel, Jim. 2010. The Skinny on Success: Why not you? Westport, CT, USA: Rand Media Co.

Randel, Jim. 2010. The Skinny on Time Management: How to Maximize Your 24-Hour Gift.Westport, CT, USA: Rand Media Co.

Randel, Jim. 2010. The Skinny on Willpower: How to Develop Self Discipline. Westport, CT, USA: Rand Media Co.

Ringom, Bjørn. 1998. Learn to learn (Lær å lære). 1st edition Lyngør: Ringom-Instituttet AS.

Robinson, Adam. 1993. What Smart Students Know: Maximum Grades. Optimum Learning. Minimum Time. New York, NY: Three Rivers Press.

Rognsaa, Aage. 2004. The art of writing well (Kunsten å skrive godt). 2nd edition Oslo: Universitetsforlaget.

Sample, Ian. (2010). Start running and watch your brain grow, say scientists. The Guardian 18.01.2010.

Society for Research in Child Development (2012). Motivation, Study Habits—Not IQ—Determine Growth in Math Achievement. Press release.

Sterner, Thomas M. 2005. The Practicing Mind: Bringing Discipline and Focus Into Your Life. Wilmington, Delaware, USA: Mountain Sage Publishing.

Townsel, Kim Holdbrooks.2009. School Skills 101: Get Better Grades, Save Time, And Reduce Stress.4th edition CreateSpace Independent Publishing Platform.

Ugland, Ellen. 1996. To succeed with oral exams (å lykkes med muntlig eksamen). 2nd edition NKS—forlaget.

Wilhelmsen, Lars Skjold and Terje Manger. 2005. Effective learning (Effektiv læring). A booklet at the start of studies for all new students (Et hefte ved studiestart for alle nye studenter). Bergen: Fagbokforlaget.

Wormnes, Bjørn and Terje Manger. 2005. Motivation and mastering: ways to effective use of own resources (Motivasjon og mestring: veier til effektiv bruk av egne ressurser). 1st edition Bergen: Fagbokforlaget.

북유럽 공부법

초판 1쇄 인쇄 2016년 6월 25일
1쇄 발행 2016년 7월 5일

지은이 올라프 슈에베
옮긴이 신예용
발행인 정상우
디자인 송민기
인쇄·제본 두성 P&L
용지 진영지업사(주)

브랜드 도그지어
발행처 라이팅하우스
출판신고 제2014-00184호(2012년 5월 23일)
주소 서울시 마포구 월드컵북로 400, 문화콘텐츠센터 5층 10호
주문전화 070-7542-8070
팩스 0505-116-8965
이메일 book@writinghouse.co.kr
홈페이지 www.writinghouse.co.kr

ISBN 978-89-98075-28-6 03320

이 도서의 국립중앙도서관 출판예정도서목록(CIP)은 서지정보유통지원시스템 홈페이지(http://seoji.nl.go.kr)와 국가자료공동목록시스템(http://www.nl.go.kr/kolisnet)에서 이용하실 수 있습니다.(CIP제어번호: CIP2016015166)